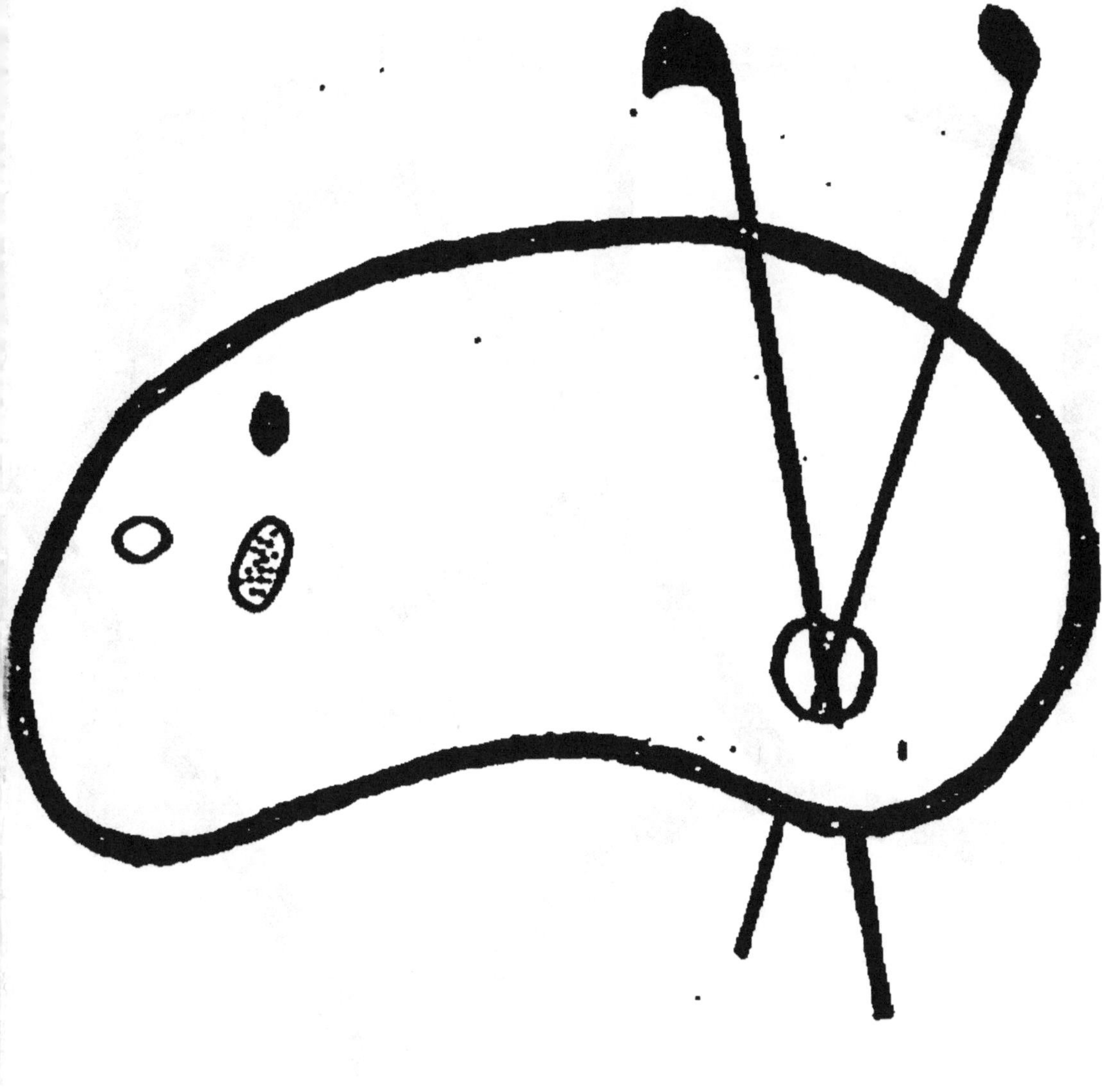

ORIGINAL EN COULEUR
NF Z 43-120-8

Couverture inférieure manquante

TUNIS à KAIROUAN

par

Paul Fagault

PARIS
CHALLAMEL ET CIE, ÉDITEURS
LIBRAIRIE ALGÉRIENNE ET COLONIALE
5, RUE JACOB, 5

TUNIS

ET

KAIROUAN

Typographie Firmin-Didot. — Mesnil (Eure).

TUNIS

ET

KAIROUAN

PAR

PAUL FAGAULT

PARIS

CHALLAMEL ET Cⁱᵉ, ÉDITEURS

LIBRAIRIE ALGÉRIENNE ET COLONIALE

5, RUE JACOB, 5

TUNIS
ET
KAIROUAN'.

A Paul SIMIAN,

mon très excellent ami.

Février 1887.

EN MER,
A BORD DE L'ORETO.

Voici près de six mois que j'ai quitté la France. J'ai vu Livourne, Pise, Florence, Rome et Naples. Je ne suis point allé et n'irai point à Venise, j'ai bien trop peur d'y recevoir le coup de grâce de mes illusions sur l'Italie.

L'*Oreto* a fait depuis Palerme toutes les escales de la côte de Sicile.

Cette nuit, à onze heure (1), nous repartons directement cette fois pour Tunis. Je vais demander au commandant qui me l'accorde, la permission de dix heure; vite à terre!

Au bas de l'escalier mobile, debout à l'arrière de sa barque, se tient un batelier. « Tu es libre? — Si, signor. — Et je te retrouverai dans deux heures pour revenir? — Si, signor. — Andiamo! »

Et doucement, sous le ciel sombre où le fanal du vaisseau pique sa lueur rouge, sur la mer aux reflets d'un glauque livide nous glissons.

On n'entend que le clapotis de l'eau frappée par les avirons, et le murmure profond du large. Le Sicilien, cédant au charme,

---

(1) Que nos lecteurs nous permettent, relativement au mot *heures*, notre infraction aux règles académiques et à l'usage. N'est-il pas logique de ne mettre un mot au pluriel que lorsque ce mot éveille une idée de pluralité? C'est ainsi que nous écrivons au singulier, évitant de confondre l'ordre avec le nombre : à deux *heure*, ou à onze *heure* ; cette expression signifiant : à la deuxième, ou à la onzième heure.

(*Note de l'auteur.*)

chantonne quelque canzonetta scandant ses mouvements, pendant qu'au loin, dans la nuit, l'*Oreto* estompe sa silhouette élégante et sombre.

Cette vision rapide que l'on emporte d'une ville parcourue de nuit dans une escale de deux heures, offre la sensation d'un rêve. Et ce fut, ma foi, un bien joli rêve que je fis en revenant à bord, les yeux fixés vers le ciel qui s'éclaircissait un peu. Je revis la vieille porte par laquelle j'étais entré dans la rue Garibaldi. Rue étroite, pavée de galets disposés en mosaïques, encaissée entre les maisons noires des côtés. Puis, débouchant sur la grande place, je me rappelai ces deux antiques monuments qui revêtaient dans la nuit obscure un caractère très étrange.

De celui de gauche sortaient des gens endimanchés. J'entrai, et dans l'architecture religieuse, dans les dorures qui éteignaient leurs lueurs à mesure qu'au maître-autel un homme soufflait les lumières, je reconnus la cathédrale.

Puis, après mon dîner, arrosé de vin... de Marsala, où l'on m'avait servi au dessert des bulbes de fenouil, les salles bien éclairées des « salons de société » me revinrent à l'esprit. Le souvenir rapporté de Marsala est plein de charmes et il s'y mêle je ne sais quel vague et mystérieux parfum moyen-âge, délicieux.

17 février.

Depuis Trapani, où hier à deux heure l'*Oreto* stoppait, la mer a été grosse et son agitation s'accentue encore.

Je suis sur le pont; malgré les bonds du navire qui roule et tangue, je préfère promener au frais, plutôt que respirer l'air vicié de l'intérieur.

En dépit des rafales violentes et glaciales et des paquets de mer qui embarquent à chaque instant, dans cette nuit profondément triste, j'éprouve un singulier plaisir à me sentir vivre. C'est que le mal de mer ne m'inquiète point et que j'ai la très douce espérance de revoir demain les côtes d'Afrique.

Des bruits étranges s'élèvent de l'entrepont. On croirait entendre dans ces sons étouffés, des plaintes rythmées en sourdine. En tâtonnant un peu, j'écarte un coin du prélart dont l'entre-bâillement laisse filtrer une lueur jaune; je trouve les montants de l'échelle et je descends.

Le falot accroché aux ferrures d'un mât qui s'élance au dehors à travers le plancher et le plafond, éclaire et enfume un lamentable intérieur.

Accroupis tout autour, des hommes, des femmes, les mains jointes, le visage abattu, prient à haute voix. Une vieille matrone débite des litanies interminables coupées d'*ora pro nobis* fervents.

Plus de cinquante parias des montagnes de Calabre ou de Sicile, pauvres hères qui s'expatrient, sont couchés sur les planches ou assis sur des prélarts humides, dans une atmosphère surchauffée exhalant des puanteurs fétides de vomissures, de sueur et de graillon.

Des femmes au corsage débraillé dorment sur le plancher à côté de leurs mâles au masque crasseux, aux haillons sordides.

Et ceux qui geignent, ceux qui entre roulis et tangage souillent le sol dans un hoquet, et les enfants qui braillent éperdus, tout cela se mêle dans le murmure fatigué des *ora pro nobis*. Mais la Madone dort sans doute à cette heure et toujours la mer gronde, effroyable, tandis que le vent fait passer de longs craquements dans la mâture et grincer les poulies des agrès.

☙☙☙☙☙☙☙☙☙☙☙☙☙☙☙☙☙☙☙☙☙☙☙☙☙☙☙☙☙☙☙

18 février 1887.

EN VUE DES COTES D'AFRIQUE (HUIT HEURE DU SOIR).

NFIN nous sommes arrivés, mais la nuit s'est faite et nous voilà consignés jusqu'au matin.

Longtemps accoudé sur la lisse de bâbord, je regardai luire les feux de la Goulette.

Voici enfin la terre!

Depuis quatre jours, je n'ai pour ainsi dire quitté le bateau; c'est peu pour un marin, mais c'est déjà fastidieux pour un passager, et une grande joie me caresse au cœur, car depuis mon précédent voyage en Algérie j'aime follement l'Afrique.

19 février.

Il est six heure du matin, et tout le monde est sur le pont. La mer est toujours agitée, et parfois, entre deux hautes vagues disparaissent complètement les embarcations qui accostent enfin l'échelle du bord.

Je saute dans la première, et courbés sur leurs avirons, les biceps saillants, jetant le torse en arrière, solidement arc-boutés des orteils à un point d'appui, les hommes nagent vigoureusement.

Me voici à terre. Mais pas un instant à perdre, car un train part de suite pour Tunis. Je me hâte, quand un cri guttural poussé derrière moi me fait retourner. Drapé à l'antique dans des burnous d'une immaculée blancheur, un poignard recourbé à la gaine d'argent passé à un ceinturon plaqué de même métal, se tient un Arabe.

Et de sa barbe noire se fondant bien dans le mat de son teint, sortent ces mots : « Toi macach' contrebande? » Ce musulman vêtu de riche façon, dans les belles lignes de sa pose théâtrale, c'était un douanier.

Au fait, pendant que file sur Tunis le tramway-vapeur, pourquoi ne vengerais-je pas en quelques lignes mes bibelots massacrés par le fait de la douane?

Je revenais d'un long voyage, et rapportais dans un coffre arabe, des objets recueillis en maints endroits.

Quelques jours après, le transitaire que j'avais chargé des formalités de douane me le remettait soigneusement réemballé. On eut dit qu'une main délicate, quelque main de femme, eût procédé à l'ouverture, à la visite, et soigneusement eût tout remis en l'état.

Oui, mais oyez, bibeloticrs, mes frères! Mon coffre n'avait plus que trois pieds, l'autre brisé avait disparu. Cela et la serrure arrachée, la partie supérieure fendue, faisaient un bien triste effet dans les enluminures et les ors de sa décoration, mais ce n'était pas tout encore. A l'intérieur un énorme déchet de marbre avait été jeté d'un peu haut sans doute, car, tombant sur des porcelaines, le désastre avait été complet. Il est à remarquer que je ne connaissais aucun de ces douaniers marseillais.

Morale : sachez donc que l'âme inepte d'un Vandale couve souvent sous le masque du plus jovial des douaniers, et soyez toujours présent à l'ouverture de vos malles.

Mais voici à gauche un lac et des maisons d'où émergent des flèches de minarets. Nous sommes à Tunis.

Tunis, 27 février 1887.

A M. Paul Jacquinot d'Oisy.

Le lendemain de mon arrivée, je me mis à la recherche d'une chambre. Tunis était en effet la halte principale de mon voyage et mon intention était de m'arrêter dans cette ville suffisamment de temps pour la bien connaître.

J'aurais été singulièrement heureux de trouver dans le quartier de la Casbah, derrière une de ces portes massives, lourdes et basses, bardées de clous énormes, une chambre petite, nue, mais en plein centre arabe, dans quelque famille indigène.

Mon long séjour à Alger eût dû me dissuader d'une si folle espérance; je savais bien en effet que les intérieurs musulmans ne s'ouvrent jamais, ou si peu que rien devant les roumis. J'en fis une seconde fois l'expérience.

En redescendant la rue de la Casbah, j'aperçus un grand écriteau blanc barbouillé de caractères informes, se balançant au balcon d'un premier étage. Fatigué d'errer d'un côté à l'autre, je sonnai, carillonnai, mais de la façon la plus inutile. Dans la maison d'en face, un tailleur juif cousait à la machine. « La Française est sortie. — Et quand rentrera-t-elle? — Je ne sais. — Tu ne connais point, dans le quartier, d'autre chambre à louer? — Si, je t'y vais conduire. » Et marchant devant moi, il s'arrêta devant une maison dont la porte s'ouvrit. L'intérieur vu du seuil était charmant. Tout autour du patio courait une galerie sous laquelle s'ouvraient, encadrées de faïences, les portes des appartements. La lumière tombait d'aplomb large et gaie, éclairant trois ou quatre enfants qui jouaient. J'allais entrer, lorsqu'une jeune femme apparaissant s'entretint en arabe avec l'homme, et celui-ci, repartant par une autre rue, me fit signe de le suivre. Et toujours courant, levant les yeux, je lus à la hâte, sur une plaque : « rue des Ministres ». Toujours muet, marchant très vite et baissant la tête à croire qu'il allait vraiment prendre ses jambes à son cou, mon Juif s'engouffra dans une impasse et, à gauche, frappa à une porte. Une porte dans le caractère indigène, toute couverte de gros clous qui dessinaient des croix et des fers à cheval.

Sur les deux battants, à hauteur d'homme, deux lourds anneaux, — les marteaux, — ornés d'un semblant de gravure, retombaient sourdement sur deux hémisphères de bronze faisant rêver aux seins de *la Vierge de Nuremberg*. On entendit de l'intérieur un clapotement de sandales en bois; et une femme vint ouvrir, c'était dame Hafsia, une Juive.

Sous sa douka pointue plantée de travers sur le haut de sa tête, ses cheveux d'un brun superbe s'échappaient libres, malgré la loi mosaïque; tout le débraillé de sa personne indiquait que la grosse besogne ne la trouvait point récalcitrante. D'ailleurs, son bon visage éclairé par les yeux veloutés de sa race, l'échancrure de sa chemisette où l'on entrevoyait la ligne d'ombre des seins, la culotte collante moulant du pied à mi-cuisses des lignes assez régulières, formaient un ensemble sympathique à première vue.

Nous entrâmes. A droite montait un petit escalier tortueux, et en face s'ouvrait, après un petit couloir, une cour intérieure petite comme tout le reste, ayant pour toiture un lambeau bleu du firmament irrégulièrement découpé par la ligne supérieure des murs.

Une vraie petite maison indigène. A gauche, une porte entr'ouverte donnait accès dans la chambre des propriétaires; et, par l'entre-bâillement d'une autre, j'aperçus un grand sec et vilain bonhomme, un Juif aussi, qui comptait et recomptait des caroubes étalés devant lui dans un mouchoir. Israël d'une main délicate ouvrit à droite une porte à deux battants; c'était celle de la chambre qu'on me proposait.

Très proprette, meublée assez convenablement à la française. Après un examen satisfaisant, nous ressortîmes dans la cour, débattant le prix. Tout à coup je levai les yeux. Là-haut, tout là-haut sur le mur formant terrasse, un homme agitant les bras comme les vergues d'un télégraphe Chappe ou des ailes de moulin à vent, traçait dans l'azur des chiffres imaginaires. Cela voulait dire : « O nouveau débarqué, mon ami, ô Français mon compatriote, offrez de suite un prix trois fois inférieur à celui qu'elle vous demande et n'en démordez! » Ce que je fis; et je constatai que celui dont la tête du ciel était voisine, et dont les pieds touchaient à l'empire des Mores... avait raison.

« Montez donc, monsieur, montez donc, » me cria, le marché fait, le monsieur dont je viens de parler. « Tenez, par ici, vous trouverez l'escalier. » Mais avant que je me sois faufilé dans l'étroit passage que j'avais vu en entrant, une voix suppliante m'arrêta.

Le Juif qui m'avait accompagné, ne se contentant point d'un cordial merci, voulait, pour son obligeance, au moins quelques caroubes. Son exigence n'était pas grande, le caroube tunisien valant trois centimes 1|2.

Puis, m'en débarrassant, j'arrivai, pour accéder à la terrasse, à un palier très étroit où d'un côté, exhaussés de quelques marches, les battants clos d'une porte faisaient vis-à-vis à une échelle. Celle-ci perdait ses hauts barreaux dans une étroite embrasure par laquelle je me glissai et me trouvai sur la terrasse.

Terrasse formant le plafond des appartements s'ouvrant sur les côtés de la cour intérieure.

Devant moi, d'autres terrasses semblables, murs irréguliers aussi et tout blancs; derrière, au couchant, s'élevait le minaret de la mosquée voisine. Puis d'autres pinacles de minarets, et des dômes de mosquées s'arrondissant sous le ciel. Des herbes folles végétaient dans les fissures du crépi, des feuilles encore maculées des derniers badigeonnages au lait de chaux.

L'homme aux chiffres aériens s'avança, le teint rubicond, la face épanouie. « Vous êtes français, monsieur? et moi aussi. — Ah, ah! — Nous sommes trois dans la maison : M. d'Oisy, c'est un homme de lettres. Vous venez peut-être aussi pour étudier Tunis ? Oui, vous avez l'air de quelqu'un *comme ça*?... Alors M. d'Oisy vous donnera beaucoup de détails, il écrit un ouvrage sur Tunis. Bon! Maintenant il y a M. Mutel, charmant garçon, et puis... votre serviteur. — Il y a aussi une Juive? un vieux bonhomme également? — Ah, oui, la juive, son mari, son fils et certain cousin *maboul*, mais... ce sont des Juifs! » Je n'avais pu encore placer deux mots, lui dire autre chose que mon nom, et déjà dégringolant du haut en bas de l'échelle, retombant sur ses deux pieds, j'entendis cet étonnant bipède frapper à une porte, entrer, dire quelques mots et m'appeler.

« Venez donc, monsieur, venez donc! » J'entrai.

Je me trouvai dans ce qu'on appelle communément *une chambre d'artiste.*

C'est à regret que j'écris ce mot devenu terriblement banal, mais cette fois-ci du moins l'expression est exacte. La lumière, passant au travers des fers ouvrés de petites fenêtres, jouait dans les draperies arabes, allumait les ors des meubles, ensoleillait délicieusement ce petit intérieur; c'était ravissant. Au fond de l'appartement, couché sur un lit arabe, un jeune homme, notre voisin, ramenant le drap, et déposant sur un guéridon oriental une liasse de papiers qu'il corrigeait, me pria après une présentation succincte, de m'asseoir, et la conversation s'engagea en ces termes : « Tiens, mais, monsieur, vous avez le masque de (ici le nom d'un personnage connu), peut-être êtes-vous de sa famille?.. — Mon Dieu, non, monsieur... » Et nous continuâmes, parlant un peu de tout. J'étais vraiment ébahi par cette réception tout à fait régence; et, me demandant si mon hôte allait me faire assister à son *petit lever*, je cherchais une sortie de même style. Mais quelque chose d'insolite s'agita sous les couvertures. Dans la ruelle du lit apparut une petite boule ronde, veloutée, avec de grands yeux mobiles. Et ça remuait, ça roulait des prunelles dans de petits orbites blafards. Décidément je restai interloqué.

Mon voisin, qui semblait s'amuser énormément, se décida pourtant à répondre à mes regards. « C'est Rocco, dit-il. — Qui ça, Rocco?... » A l'appel de son nom, je vis bondir sur le lit un assez vilain petit animal. « Mais, monsieur, c'est un singe!... »

Rocco que j'appelai par la suite si... Rocco, tombé des gorges de la Chiffa sur la Cannebière, remporté en Afrique et... couchant avec son maître.

Et nous rîmes! oh! nous rîmes beaucoup.

Puis enfin nous retrouvâmes notre gravité et ce fut en termes très cérémonieux que nous nous quittâmes.

28 février.

Il était tard déjà lorsque, frappant à ma porte, mon nouveau voisin me réveilla.

« Allons-nous voir le panorama de Tunis? le temps est superbe! — Allons. »

Et, remontant les quartiers arabes par la rue de la Casbah, le Dar-el-Bey, nous franchîmes une des portes et gravîmes une colline. La lumière était d'une limpidité chaude et la température ardente; du lieu où nous étions, se déroulait au bas, s'élargissant au loin jusqu'au lac Bahira, le panorama de Tunis « la Blanche »... Le lac lui-même étend sa nappe d'eau qui réfléchit l'azur calme de l'atmosphère; un petit fortin, — le Chiki, — mire sa robe grisâtre dans les eaux qui la frangent d'un semblant d'écume. Puis, au dernier plan, bleuie par le lointain, la montagne el Bou-Korneïn découpant la silhouette de sa cime échancrée en dos de chameau.

Plus près de nous, des murs tout blancs peu élevés et plats où s'assoient des dômes de marabouts, et des mosquées flanquées de minarets sveltes et graciles. A leur pinacle s'éploie à la brise de la mer voisine, le drapeau rouge de l'Islam, car c'est aujourd'hui vendredi, « le plus excellent des jours où le soleil se lève ». Au bout de la hampe que surmonte un croissant doré, le soleil radieux brise un rayon.

En bas, au pied des murs, près de la porte où brûle dans une niche une lampe sacrée, une longue file de dromadaires à la robe grise et à l'air benoît allonge sa ligne ondulante sur la blancheur des murailles.

Et dans la clarté aveuglante et la chaleur intense qui baignent la plaine, on entend les sonneries victorieuses des clairons; et les batteries des tambours qui éclatent en sourdine ou en crépitements, évoquent les étranges fêtes des aïssaouas et font songer aux mystères de cette vie arabe qui nous entoure.

Ce sont les zouaves qui font l'école aux champs.

Nous redescendîmes de la colline et, pour rentrer à Tunis par une autre porte, suivîmes un petit sentier frayé au bas du mur d'enceinte.

.
. .

A un détour de ce chemin, dans la poussière, un Arabe est assis sur ses talons.

Sur un pan de son burnous, il joue avec trois coquilles de noix que ses doigts exercés font évoluer avec une rapidité que l'œil suit avec peine. L'une de ces coquilles dissimule une microscopique bille rouge. « Sous quelle coquille se trouve-t-elle maintenant ? — Je joue 2 francs, dit un badaud tenté. — Macach, deus francos, *toi mesquine besef* donnar douro ! » L'autre lui jette cinq francs, soulève la coquille, la bonne ! et dessous y trouve... le vide ! « Passez muscade, au suivant, à qui?... oun' douro, barca! »

Mais quel mot malencontreux a sonné?... Les coquilles s'évanouissent, le pan du burnous est rejeté sur l'épaule et le bonneteur est déjà loin.

Le spectre évoqué de la police avait accompli cet autre tour de passe-passe : l'Arabe accroupi... la police! l'Arabe disparu, du vent!

C'est le jeu de l'Ib Zouza, sévèrement prohibé d'ailleurs, comme ses similaires : le Trisiti, la Scouba, la Basga, la Rounda ou le Bono, tous jeux de hasard.

RESTAURANT TUNISIEN.

A gauche du Souk-el-Grana, s'ouvre un petit restaurant où parfois j'allais prendre mes repas. Les maîtres de céans étaient deux musulmans d'un respectable embonpoint. Leur visage était entièrement rasé, et cette épilation donnait à leur masque l'expression goguenarde et clignotante de vieux cabotins. Ceints de leur large foutah, ils pontifiaient devant leurs fourneaux, et, très dignes, préparaient le couscous. Un voile tombant dans l'encadrement de la porte dérobait aux passants la vue du lieu.

Comme, fidèles observateurs du Coran, les boissons alcooliques n'avaient point accès sur les tables, les clients ordinaires s'abreuvaient à même une énorme timbale d'eau fraîche dont l'anse passait d'Ahmed à Ali, d'un bout à l'autre de la table.

Avant d'entrer dans ledit restaurant, je descendais quelques mètres plus bas. Là, m'arrêtant devant un réduit où un vieillard accroupi trônait entre des dattes et des jarres, j'exhibais quatre caroubes, environ trois sous. L'Arabe me versait dans un récipient deux mesures de lait aigrelet. Je revenais, entrais au restaurant, tout en criant : balek! balek! pour éviter les heurts, et m'asseyais au milieu d'une société vraiment choisie.

Il y avait là, accroupis sur les bancs, voire même aux bords des tables, une collection de sujets rares, sinon précieux!

Un nègre engloutissant, dans l'invraisemblable hiatus jaune qui était sa bouche, de formidables morceaux de mouton, nègre oublié là, sans doute, par quelque caravane venue du Sud; ou bien, — car le cuir rugueux de son visage était taillé de cicatrices, — esclave en rupture de fers. Des Arabes nomades au masque bestial, l'œil fauve brillant dans leur teint sableux, et, tombant de leur col nu à leurs pieds nus aussi, deux burnous de laine, très sales, dont celui de dessous avait le capuchon relevé. Souvent je rencontrais là un Maure au visage intelligent, pâle, fondu de rose, bien vêtu et qui se drapait avec grâce dans un élégant burnous gris-perle. Chaque fois que nous nous rencontrions ainsi, nous nous faisions, — je n'ai jamais bien compris pourquoi, — des salamalecs qui n'en finissaient plus.

Parfois aussi un jeune homme français y venait manger le couscous; c'était d'ailleurs un homme de fort bonne compagnie, venant là... ganté de suède.

Ce n'était pas non plus un de ces restaurants ignobles où les pieds inquiets remuent dans un clic-clac lugubre les tibias des moutons consommés par les clients; un de ces restaurants où l'hôte brosse à l'eau chaude, sur la table à côté de vous, une tête de mouton fraîchement coupée. Non, mes amphitryons d'aventure étaient gens d'une méticuleuse propreté. Des mains bien nettes manipulaient dans le crible d'alfa la farine légèrement humectée d'eau qui devenait soit du harrache-fi-harrache, soit du mazeût.

Et, puisque je viens de citer deux variétés de couscous, qu'on me laisse éclairer, moi aussi, mes contemporains sur la gastronomie arabe.

Couscous flatte le palais *des Africains* sous huit aspects différents.

S'il est à base de farine brune ou d'orge, mets apprécié des indigènes de Constantine, il se nomme le berboucha.

Le medj'bourr est le couscous des diffas, — ces pantagruéliques gueuletons! — L'Arabe, pour garnir la fine farine de froment, *achète à ses femmes* des poulets et des pigeons; il tue des perdrix et égorge un agneau de son troupeau.

Sur cet ensemble déjà respectable, on verse, au moment de servir, du beurre fondu et du bouillon; c'est délicieux.

Le mahwer est une nouvelle métamorphose de couscous qui se divise alors en mahwer simple et en membi. O c'est assez compliqué! Le membi, plus estimé que le mahwer, tire son nom de la ressemblance de ses grains avec des têtes de fourmi, en arabe « memba ».

Le harrache-fi-harrache, qui se présente garni de viandes fraîches, d'oignons, de boulettes, de pois chiches, dans un assaisonnement infernal de sel, poivre rouge et piments.

Le mesfoufe semble être une attention délicate de couscous pour les dames musulmanes.

Il exige des raisins secs et des rubis de grenades, du lait frais, et, avec cette dernière adjonction, s'affuble d'un autre nom : c'est le mesfoufe-berboukr.

Couscous se fait prolétaire dans le mech'-roub où il est à base de blé mouillé dans les silos, possède une saveur âcre et exhale une odeur fétide.

Couscous se fait repoussant dans le mazeût. L'humidité que la terre communique aux grains le recouvre d'une hideuse croûte huileuse. Alors, couscous mon cher, tu deviens horrible.

Mais cette longue digression sur le plat national arabe m'a éloigné du sujet.

Les deux propriétaires-cuisiniers veillent près de leurs fourneaux. Dans le premier bout le aîche, qui ressemble assez à une soupe au riz, mais c'est là une feinte de couscous qui prête sa farine à la fabrication de cette soupe. Cet énorme pot qui s'assoit sur la braise, dans cet autre fourneau, coiffé d'un chapeau d'alfa tressé, c'est la chose respectable du lieu.

Dans ses larges flancs bout la viande de mouton dont la vapeur cuit, à travers les ajours du chapeau, la farine grumelée qui s'amoncelle dans sa coiffe.

Dans ce pot-au-feu s'élabore couscous lui-même.

Et si les rots, — signe évident d'une très sérieuse sustention, — s'échappent gutturaux des profondeurs intestinales des convives, devant les voisins qui saluent... ces bruits insolites n'ont point, en ce pays, des murmures réprobateurs pour écho, c'est reçu.

En se levant de table, chacun s'approche de la fontaine, et en des glouglous qui font rêver, les musulmans se rincent la bouche suivant l'usage.

Sitôt dîné, ce soir-là, j'allai, comme à l'ordinaire, prendre mon café chez le caouadj' du coin; c'était là mon café. Aussi, du plus loin qu'ils m'apercevaient, l'un ou l'autre des patrons : Chadly et le turc Ouçaama, un homme fort aimable, prenaient leur plus belle rhalléia, — ou du moins j'aime à le croire. — Dans cette petite cafetière de fer-blanc, au manche interminable, ils jetaient, du bout de leur petite spatule de cuivre, quatre ou cinq mesures de café pilé. De haut ils versaient l'eau chaude, et engonçant le récipient dans la braise ardente, remuant et retirant à chaque ébullition, d'un coup sec : clac! précipitaient le marc au fond et transvasaient dans une tasse double. Et le *caoua saada,* — ils nommaient ainsi le café sans sucre qu'ils me préparaient, — se trouvait servi en moins de deux minutes.

Le café arabe, faut-il l'avouer? a ses détracteurs ; gens à digestion pénible qui, injurieusement, lui disent : brouet!... Ils se plaignent qu'il offre autant à manger qu'à boire. Mais, que diable, laissez-le reposer!

A mon très humble avis, le *caoua* le plus modeste, dénigré par le zouave ou le colon, qui ne vont pas au café maure parce qu'on n'y vend pas d'alcool, le caoua des cafés maures est bien, et j'ose en jurer par la barbe rousse du Prophète, le plus délicieux breuvage qu'on puisse rêver.

LE CAFÉ MAURE DE LA RUE DES MINISTRES A TUNIS.

Dans la première salle du café, gravement assis sur leurs jambes repliées, quelques Maures ou Juifs, vêtus de costumes verts, bleus, jaunes, soutachés des mêmes nuances, devisaient bruyamment en fumant les longues pipes.

Dans le fourneau, le tabac s'affaissait peu à peu, sous le charbon qu'avait apporté le caouadj' En face d'un râtelier arabe d'où tombaient quelques pipes, l'œil s'arrêtait avec plaisir sur ses couleurs vives qui, dans leur fond bleu, se rehaussaient d'or à la façon algérienne.

Dans la seconde salle, l'harmonie des tons était absolument différente. La lumière, une lueur incertaine, filtrait d'une fenêtre étroite, se faufilant à travers les barreaux de fer qui la défendaient, et, avec un rayon égaré du plein jour de la première salle, éclairait cet intérieur en demi-jour de corridor. En face, au fond, une grande dokana où aboutissaient celles de chaque côté, accolant aux murs leur planche large supportée par des pieds, et sur laquelle étaient étendues des nattes de Stamboul. Ces nattes, aux pailles serrées en de fins dessins, avaient cette touche jaune d'or vieux que leur donnent le temps et l'usage.

Elles se confondaient presque avec les murs que la fumée du fourneau avait ternis, bronzés à la longue et plaqués çà et là de tons fauves. Le fourneau lui-même, à gauche, dont la braise ardente, entassée, avait des rutilements de lueurs vives que l'œil ébloui reportait.

Sur les nattes de ces larges bancs fixés aux murs, des gens aux draperies de nuances chaudes et variées des feuilles mortes, presque tous accroupis à l'orientale; un très vieux nègre entre autres, au masque inoubliable avec ses cheveux en flocons et sa barbe blanche, et ses haillons sans nom ni couleur, ceints aux hanches par une de ces longues et étroites bandes d'étoffe tissée sur fond rouge qu'on vend dans les souks; puis, autour des damiers arabes aux casiers évidés, des hommes jouant silencieux. Tout auprès de la grande dokana du fond sur laquelle, assis les jambes ramassées sous le buste affaissé, des Arabes maniaient les tarots espagnols aux enluminures hiératiques, était, sur le tronçon d'un fût d'antique colonne, bloqué dans un œuvre de maçonnerie, le mortier encadré de planches. Tout rouge, d'un rouge brûlé, ce mortier embaumait le café, dont la plus fine poussière était restée adhérente aux parois intérieures. Un homme entra, un Arabe.

Grand, maigre, son col nu semblait porter avec peine sa tête qui s'inclinait un peu de côté.

Sur la chair bronzée de la nuque descendaient éparses quelques mèches de cheveux qui se recourbaient en dehors.

Dans le bel ovale de son visage s'ouvraient, sous des paupières frangées de cils longs, deux grands yeux à l'iris d'un bleu tendre, un peu noyé de vague, d'une expression très douce.

Un nez grec tombait sur des moustaches coupées ras à la commissure des lèvres;

une barbe soyeuse ombrait d'une touche légère le teint exsangue et fatigué de son visage. Cet homme, passant ainsi, avait je ne sais quelle affinité de ressemblance physique avec Jésus de Nazareth, au témoignage du moins de très anciens icônes, et dans la longueur de son long *kadron'*, qui du col tombait sur ses babouches sans quartiers, l'esprit pensait à la tunique sans couture du Messie : Sidna Aïssa, comme le nomment les musulmans. Donc, l'homme s'en vint au mortier, saisit le pilon : une lourde, très lourde chose en fer; il l'élevait des deux mains, les biceps saillants, les nerfs tendus, et chaque fois qu'elle s'abattait dans l'excavation rouge, chassant des senteurs odoriférantes, on entendait un h'...an! prolongé s'échapper de sa poitrine.

Les murs étaient plaqués çà et là de tons roux, les nattes avaient, dans leur ton passé, des chaleurs d'or vieux; les draperies, dans le jour qui déclinait, jetaient dans leurs grandes masses des notes de palette hollandaise ou flamande. Et, la tête levée vers le pilon qu'il brandissait, l'homme au kadron' d'une pourpre archaïque dans sa tonalité sombre, le torse ployé en arrière, très grand, semblait poser pour le pinceau d'un Rembrandt!

Et des odeurs suaves montaient vers l'étroite fenêtre d'en haut : celle du café, suggestive et troublante; celle du tabac, stupéfiante et âcre; puis celle du haschisch, « l'herbe par excellence ». Tout à coup une senteur plus violente s'exhala en une colonne épaisse et chaude, un Arabe d'un autre âge agitait, en passant devant nous, une cassolette où sur les charbons il venait de jeter trois mesures d'encens.

OBSERVANCE DU SABBAT.

Il était huit heure du soir lorsque je rentrai. La douce Hafsia, la Juive à qui j'avais loué ma chambre, n'avait pas encore fait mon ménage. J'allais lui en exprimer mon regret, lorsque, venant vers moi, elle me parla en arabe. Cette entrée en matière n'ayant qu'un assez médiocre succès, elle esquissa un signe expressif que je traduisis par : « Donne-moi une allumette. » Je lui tendis ma boite. « Macach ! » Elle voulait que j'allumasse moi-même la bougie que du doigt elle me désignait.

En effet, si la Juive n'avait point fait ma chambre, il fallait m'en prendre, non à sa bonne volonté, mais à la loi mosaïque qu'en fille soumise elle observait. Hafsia avait été très occupée durant le jour, et avant que le soleil se couchât, elle avait allumé sa lampe, avait travaillé à quelque pressant ouvrage et la nuit s'était faite. Or le sabbat commence au crépuscule du vendredi; et pour ne point profaner le jour saint, il est défendu de toucher tout corps gras : l'huile, le suif ou la cire, par exemple. Dès lors, ne pouvant ni transporter sa lampe, ni allumer ma bougie, elle avait attendu mon arrivée. Ce fut son fils qui me donna ces détails. Fils d'Israël et de dame Hafsia, après avoir rabaissé l'auvent de sa boutique de comestibles, dans la rue de la Casbah, il s'en était revenu à la maison, sa semaine terminée. C'était un jeune garçon de 15 à 17 ans, parlant bien français, et remplissant, entre ses parents et leurs locataires, les fonctions honorifiques d'interprète.

UN THÉ.

Nous avions, mon voisin et moi, fait dans la journée plus ample connaissance. Ce monsieur, ayant délaissé pour ce jour-là le manuscrit de l'ouvrage qu'il préparait sur Tunis, avait voulu me faire lui-même les honneurs de la ville; puis, cédant sans doute à l'influence de cette sympathie qui se développe parfois entre deux voyageurs aux affinités de goûts et de pensées, j'avais accepté avec plaisir l'invitation à un thé de huit heure chez lui.

Le fils d'Hafsia venait de terminer ses explications, et je montai chez mon voisin. Au fond de la chambre, je l'aperçus à demi couché sur un divan ; car ce meuble arabe, dont les draps et les matelas faisaient aux heures de repos un lit confortable, subissait dans la journée une métamorphose. Les draps étaient remplacés par un tapis de Kairouan[1], l'oreiller par deux coussins, et...

le lit devenait divan. Combinaison ingénieuse pour la décoration de l'appartement. Armé d'un instrument de musique qui dans sa forme extravagante rendait des sons invraisemblables, mon voisin, critique musical apprécié, s'obstinait à tirer de cet instrument barbare des motifs de « Carmen ! » Le cylindre que dessinait la caisse, affublé d'un long manche où couraient des cordes maigres, plus habitué à accompagner la *bamboula* des nègres, protestait bruyamment aux ouvertures de Bizet.

Mon hôte, dans ces derniers mois passés à Tunis, s'était organisé un intérieur charmant. Quelque chose comme l'atelier d'un héros de Goncourt dans « Manette Salomon. » Et, détail indiscret sans doute, mais qui ajoute encore à la couleur locale du lieu, on percevait dès le seuil de cet appartement perdu au fond de notre petite maison mauresque, isolée en plein quartier arabe, comme de vagues senteurs d'amours exotiques ! On n'eût pas été surpris de voir dans un coin quelque jeune Aïécha ou Iahia grignotant de leurs blanches quenottes des gommes de benjoin. On sentait le jasmin, le musc, odeurs semblables à des traînées de femmes d'Orient. C'était charmant en vérité. Le sol était recouvert de nattes de Tunis tressées de paille ou d'alfa en dessins réguliers. Les quatre murs disparaissaient sous d'autres nattes plus fines de Stamboul, perdant la trame serrée de leurs dessins sous des aquarelles, des gravures appliquées au hasard. A mi-hauteur des murs, où de légères étagères arabes s'accrochaient, tombaient de haut, des draperies tunisiennes : des foutah au fond bleu largement bandées de jaune et vermillon, courant sur les côtés de la pièce.

Au fond, comme je l'ai dit, le lit divan, et à proximité d'un escabeau octogonal servant de meuble de chevet. Contre le mur : le *sondouk*, le coffre arabe par excellence, si intimement lié à la vie musulmane. Coffre de famille où le Maure enferme ses plus riches habits, ses bijoux; et le nomade du désert, les burnous de fantasia, ses armes et les atours de ses femmes. Puis le meuble se complétait de tabourets, d'appliques d'encoignures surchargées de bibelots. Mobilier essentiellement arabe, acheté dans les souks, sur les marchés, enluminé de couleurs vives, rehaussé d'or ; de forme étrange, orné de galeries de colonnettes, découpé en trèfles. Dessins de fleurs, d'oiseaux, d'ornements comme jamais l'œil n'en a vus, exécutés de façon barbare, mais avec le sentiment du coloris. Le bureau, dont la forme disparaissait sous des piles de livres, sous des liasses de journaux illustrés de dix nations. Encombré de paperasses qui étaient : « l'ouvrage en train, » serrées de presse-papiers qui étaient des blocs de mosaïques recueillis à Carthage...

Et le jaune d'or des nattes, les tons des draperies, les couleurs éclatantes et les ors, tout cela faisait sous la lumière diffuse tombant des lampes de mosquées suspendues au plafond, un ensemble d'une harmonie très douce.

Amoncelant les coussins épars, deux divans furent vite improvisés autour du plateau où l'ambre foncé du thé mordorait la porcelaine diaphane. Et sous la lumière pâlie qui tombait des lourdes veilleuses, et que tamisait encore d'une gaze impalpable la fumée des pipes, notre conversation fut longue, et délicieux furent les souvenirs évoqués.

C'était l'ascension de mon ami au sommet du Mont-Blanc avec Jean Burnet, l'an dernier. Mais il n'avait pas tiré ses dernières fusées sur les hauts glaciers, que dans une dégringolade vertigineuse, je l'amenais à Grenade, dans le salon des ambassadeurs à l'Alhambra. Son feu d'artifice s'allumait cette fois dans l'opposition des murs ciselés d'arabesques enluminées et dorées, en face les neiges de la Sierra Nevada, sous le ciel d'Andalousie. Puis, quittant le pays d'Occident le plus étrangement beau, c'était, après, l'Algérie où nous nous trouvions brusquement dans la *Zaouïa* des *aïssaouas* de Blidah. Et les torches brûlaient encore, éclairant le sang répandu et le chaudron diabolique où mijotait le couscous, que, sans savoir ni pourquoi ni comment, nous sonnions la cloche dans un carrefour de Pompéi.

Pendant quatre heures, nous volâmes ainsi de l'auberge des « Grands-Mulets » au faîte de la tour penchée de Pise ou au pinacle de celle de Saragosse. L'Algérie, l'Espagne, l'Italie et la Sicile passaient dans un diorama fantastique, lorsque tout à coup, un bruit de pas retentit dans l'escalier de la maison. « C'est notre voisin, me dit mon hôte; l'homme le plus bavard qu'on puisse rêver ! » Le voisin arrivé devant sa porte, s'arrêta et cria d'une petite voix traînante et nasillarde : « Bonsoir, monsieur d'Oisy; vous savez, il y a du nouveau dans la tribu, Israël a loué sa chambre d'en bas. J'ai rencontré hier notre voisin, le petit Juif m'a dit que c'est un Français ! Il a un peu l'air d'avoir... *le vôtre*, sans pléonasme. Hi ! hi ! hi ! »

Mon malicieux ami, à qui l'autre n'avait laissé placer un mot et que cette sortie semblait amuser follement, l'invita enfin à entrer. La porte s'ouvrit, et notre loquace bonhomme, dont la tête *s'allongea*, semblait vraiment fort embarrassé. Mais M. Mutel, le plus rongeur des rats de bibliothèque, n'était point un sot, et nous fîmes vite connaissance. Mal m'en prit pour ce soir-là, car, rentrant chez moi éreinté, j'entendis encore le monsieur, qui du fond de sa chambre nous continuait l'histoire de Carthage !

« Ah! lui cria mon ami, laissez-le tranquille, le Cothon de Carthage, mettez votre bonnet... sans pléonasme! et laissez-nous dormir; il est bientôt cinq heure. »

SUR LA PLACE DES MOUTONS.

Des cafés maures en général. — La Borak.

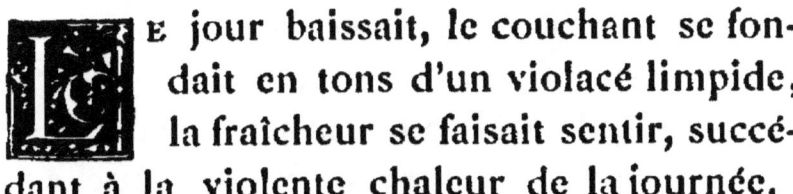E jour baissait, le couchant se fondait en tons d'un violacé limpide, la fraîcheur se faisait sentir, succédant à la violente chaleur de la journée.

Sur cette vaste place des Moutons, dans les hauts quartiers de Tunis, les petites maisons basses qui l'enclavent fermaient leurs magasins ou cédaient l'entrée de leurs cafés. Au fond surtout, dans l'un d'eux qui ressemblait à quelque ancienne Koubba, grande affluence de burnous. A un des coins de la place, tout autour d'un immense chapeau de paille grossière, trois petits ânes d'Afrique, au nez fendu et tatoué d'une étoile, se délectaient en compagnie d'un dromadaire dans leur repas du soir. Une véritable diffa. L'un des quatre dîneurs, un petit bourriquot aux poils longs, rudes et gris de la poussière des chemins, mangeait avec une attention soutenue. Son voisin de gauche l'imitait. Eux deux se sustentaient en bourgeois, en gens de digestion facile. L'autre, un petit animal tout sec, inquiet, toutes les deux bouchées s'arrêtait, et, l'œil peu rassuré, tournait la tête, semblant flairer quelque péril, un âne des montagnes kabyles sans doute, habitué à relever dans la broussaille des pistes fraîches de panthères. Le chameau, qui paraissait tout jeune, était admirable de désinvolture ; à genoux, couché sur son ventre, un cou très long, et, là-bas, très loin, un bât tout chargé sur sa bosse. Il tournait la tête un peu de côté, s'empiffrait avec grâce, et avec un air insolent semblait vous toiser ; il levait enfin ses lourdes paupières charnues où des cils très noirs, très hérissés s'embroussaillaient. Son nez était comme écrasé au bout de son masque plein de morgue ; et, dans ses grands airs dédaigneux, il ruminait, ruminait sa pitance. Mais un cavalier vint à passer, un jeune homme, fusil en bandoulière et dont les bottes pressaient les flancs d'un superbe arabe; un *sloughi*, — ce lévrier arabe aux jarrets nerveux, au poil jaunâtre, — suivait derrière. Alors l'âne inquiet releva la tête, s'ébroua, reçut en plein nez les sabots de son voisin; et pendant que « le vaisseau du désert » interrogeait d'un regard écrasant... le cavalier passa. Et, baissant un peu ses airs de majesté outragée, le chameau, comme ses amis, s'empiffra de plus belle.

Je m'en allai finir cette après-midi dans le café maure, à l'autre bout de cette place. Comme de la partie supérieure des koubba, les chapelles isolées, édifiées un peu partout, un dôme s'élevait dans un joli effet. Les cafés maures de la Tunisie n'ont point le cachet curieux de ceux d'Alger. La Borak, cette montagne dont l'imagination puissante des Arabes a fait une bête apocalyptique que chevaucha Mohammed dans « le Voyage nocturne », du temple de la Mecque à celui de Jérusalem. — La Borak, que savait si bien peindre mon ami El Hadj Hamoud Ousan d'Alger avec sa tête de femme et son corps ailé, ne rompt point la nudité des murs dans les cafés tunisiens. Mais si c'est par orthodoxie, pourquoi les

3.

sandales de Moham'med, dans leur emblème ornemental, ne décorent-elles pas ici les cafés indigènes? Point de vasques où des poissons rouges nagent dans l'encadrement circulaire des faïences enluminées. Point non plus de narghilehs ou d'instruments de musique appendus aux murs. Dans la plupart des cafés maures, à Tunis, la décoration consiste dans les nattes qui recouvrent les dokanas et une partie des murs. Placé près la porte d'entrée, je vois la place « des Moutons » s'élargir en son entier.

A cette heure de la soirée, le soleil, avant de disparaître du côté du lac Sedjoumi et du Bardo, la réchauffe d'un dernier rayon. Un troupeau de moutons vient d'être parqué dans le fondouk ; les dernières queues plates et lippues ont disparu sous les portes qu'on referme. Peu à peu les cafés se remplissent d'Arabes. Un homme traverse sur la place la dernière bande ensoleillée que plaque au sol en la rétrécissant peu à peu le soleil qui décline. C'est un Maure, dont la haute stature fait valoir l'ampleur des draperies qui le vêtent. Son burnous est d'un vert frais splendide, et dans la largeur du bas, court une large bordure d'un rouge feu. Il y a je ne sais quoi de fantastique dans l'apparition de cet homme sur la grande place chauffée par le couchant.

LA BORAK.

Il sera peut-être intéressant de lire après ce passage où il en est fait mention, quelques détails plus précis sur l'origine de cet animal fabuleux.

Dans le premier verset de la sourate du Coran intitulée : « *le Voyage nocturne* », le Prophète dit : « Gloire à Celui qui a transporté pendant la nuit son serviteur du temple sacré de la Mecque au temple éloigné de Jérusalem, dont nous avons béni l'enceinte, pour lui faire voir nos miracles. Dieu entend et voit tout. »

Dans ce voyage, accompagné de l'ange Gabriel pourvu de six cents ailes, Moham'med traversa sept cieux et s'entretint avec Dieu...

Les croyants sont divisés sur la question de la monture du Prophète. Les uns affirment que ce fut une montagne, les autres prétendent que ce fut un animal (?). Je m'abstiendrai de prononcer sur ces deux opinions : on comprendra pourquoi.

Celui qui le premier conçut l'idée de représenter la Borak fut Cheik-el-Ispahani, en l'an 961 de l'ère du Christ. L'original existe à Téhéran et aurait été estimé 300,000 francs. Mais le Prophète a dit aussi dans son chapitre de « la Table » : « O croyants !... les statues sont une abomination inventée par Satan ; abstenez-vous-en et vous serez heureux. » Si l'artiste persan se fût abstenu, il n'eût point en cette circonstance eu le désagrément d'avoir la tête tranchée. Il y a pourtant, dans la conception du tableau, une circonstance atténuante. La Borak, qui occupe le centre, est représentée avec un corps de cheval, une tête de femme couronnée d'un diadème, et la queue est en plumes de paon. Du Prophète chevauchant cette chimère, on ne voit qu'un énorme bonnet à poil engoncé sur le col, et le pied engagé dans l'étrier ; une flamme dérobe le corps et le visage. Quatre anges ailés, le front ceint également d'un diadème, versent d'un large bassin des flammes sur le groupe principal précédé d'un thuriféraire qui, les ailes éployées, balance un encensoir. La partie inférieure du tableau comprend un plan qui doit être celui du temple de la Mecque. On y voit des galeries couvertes de petits dômes, enceignant une cour intérieure où s'élève le tombeau de Moham'med de la tribu des Korcïchites, fils d'Abd-el-Motalib et d'Amina, fille de Wab. Le fondateur de la religion musulmane naquit à la Mecque vers l'an 569 de Jésus-Christ. Il mourut sur les genoux d'Aïcha, fille d'Abou-Bekr, et l'une de ses quinze femmes, dans la mosquée de Médine, le 13 rabi 1er de l'année 11 de l'Hégire. (8 juin 632 de notre ère).

CROIX ET CROISSANT.

Dimanche, mars 1887.

La religion devient parfois une question de nationalité. Aussi pour, à l'étranger, affirmer sa race, il se fait que l'on rallie parfois de près ou de loin le culte officiel de son pays.

C'est ainsi que j'ai pris, dans les pays d'Orient, la douce habitude de me reposer le dimanche. Or ce jour-là je montai, vers deux heure, sur les murs de ma maison. Les murs dessinaient, comme je l'ai dit, les côtés de la cour intérieure, et dans leur partie supérieure formaient terrasse au-dessus des appartements qu'ils renfermaient. Un soleil estival, reflété par les masses blanches des autres maisons arabes d'alentour, produisait une chaleur torréfiante. Assis sur une natte, drapé dans un burnous, je ne détonnais pas dans le paysage; Tartarin de Tarascon m'eût pris pour un marabout.

Chadly, le caouadj, avait déjà renouvelé plusieurs fois mon café, et Rocco, le délirant singe de mon ami, assis très gravement sur son petit derrière, paraissait absorbé en une méditation profonde devant le charbon qui se consumait dans le fourneau de ma longue pipe.

J'étais tombé en cet état d'alanguissement particulier que donne parfois la vie d'Orient aux natures facilement surexcitables, — ou simplement détraquées, comme l'insinuait M. Mutel. — Une détente générale se fait dans le cerveau qui perd peu à peu la notion du réel absolu; la pensée folâtre, on rêvasse. Le ciel semblant en ignition laissait choir une chaleur intense. En face de moi, d'une maison percée d'étroites fenêtres cintrées, montaient des chants que je n'avais encore remarqués. Des sons vagues et mélodieux s'en allaient mourant. Après une pose brève, chants et musique reprirent plus vibrants, et je perçus cette fois les harmonies des orgues qui accompagnaient le plainchant. C'était une église. Un chœur de femmes chantait :

« In exitu Israël de Ægypto, domus Jacob de populo barbaro,

« Facta est judæa sanctificatio ejus, Israël potestas ejus. »

Cela me fit un effet singulier. Je crois que, pour comprendre bien le génie de la religion chrétienne, il faut avoir vu et compris l'Orient. De mes notions religieuses, ce chant est la seule chose qui me soit restée; aussi écoutais-je avec une douce volupté ce psaume qui consacrait la gloire d'Israël. Ces hommes coudoyés à chaque heure dans ces vêtements étranges, ce sont des Juifs.

Le peuple qui a conservé le mieux les vieilles traditions de son origine, c'est le peuple de Jacob et « le Dieu de Jacob a changé la pierre en des torrents d'eau, et le rocher en sources d'eaux vives ». — Comme sous cette chaleur torride, me remémorant les longues étapes sous une chaleur assoiffante et sans eau, je me sentais vraiment sympathique pour le Dieu de Jacob! — « Il a béni la maison d'Israël, il a béni la maison d'Aaron... » — Mais Israël et Aaron ont nié Jésus et ont été maudits.

Eh oui, pensais-je, ici par exemple, à Tunis, les musulmans n'aiment pas les Juifs, et certes quoi de plus naturel que cette réprobation universelle qui sur tout le globe poursuit la race maudite?...

« *La ilah il Allah ou Moham'med reçoul Allah!* »

Brusquement je me retourne. Là-haut, dans le pinacle du minaret de la mosquée voisine, le muezzin sonne de son verbe aigu l'heure d'une des cinq prières du jour.

« Dieu seul est Dieu, et Moham'med est son envoyé! » répète-t-on à tous les minarets des djamâa.

Et, un moment éteints, les chants chrétiens reprennent pour une antienne.

Je regarde Rocco, et il me semble le voir rire; il est de fait que cette affirmation, dans le même instant, de trois religions ennemies demandant toutes trois à leur Dieu la conversion ou la mort de l'*infidèle*, possède quelque chose d'assez original.

« Il est quatre heure, venez-vous à la musique? Je reviens de la Marine, il y a foule! » me crie d'en bas mon voisin. Je me lève et nous partons. Aujourd'hui dimanche, la musique des zouaves joue pour la colonie française.

UN DIMANCHE SOIR A TUNIS.

La beauté de cette journée semblait mettre du bonheur dans l'air, et quand nous traversâmes la place de la Bourse, près des éventaires surchargés de roses, de violettes qui fleuraient bon, nous respirions, heureux comme des collégiens en grande promenade.

Dans le centre de la ville, les Français, les Espagnols, quelques Grecs ou Levantins, les Maltais et les Italiens avaient fermé leurs magasins ou leurs bureaux. Quelques Juifs *nouvelle couche,* — la plus mauvaise, — avaient fait de même, pensant par là se franciser aussi. Seuls tenaient ouverts les Maures, les Arabes, les M'zabites, et en général tous les musulmans orthodoxes ou non, qui, observant le vendredi, laissent le dimanche aux *roumis*.

En face la porte de France, se développe devant les passants qui descendent de la ville haute par les rues de la Casbah ou de l'Église, l'avenue de France et de la Marine. Lorsque Tunis aura son port bien abrité, dans ce qui est maintenant le lac Bahira, et que de cette porte de France, on verra se dessiner les mâtures élégantes des vaisseaux de toutes nations, ce sera charmant. Alors les flamants roses n'émigreront plus au crépuscule, du lac Sedjoumi au lac Bahira; mais ce grand boulevard de la Marine sera la Canebière de Tunis, qui ainsi deviendra *un petit Marseille*. Et, regardant le Chiki, le petit fortin du lac devenu port, Marius pourra s'écrier : « Tè quès aco?... mais coquin de bonsoir, c'est le château d'If! » De ce côté-ci de la ville, l'illusion sera complète.

Mais la Casbah? Ce Tunis pittoresque, tout plein aujourd'hui encore de lumière, d'or et de couleurs, qu'en fera-t-on? Ne deviendra-t-il pas alors le quartier d'Arenc de ce nouveau Marseille, le quartier des épaves humaines où végéteront des parias venus de partout? Et la hauteur verra une étrange cour des Miracles où grouilleront, comme en l'arche de Noé, tous ceux que la mer aura jetés à la côte.

A la vitrine de Demoflys le libraire, des Arabes stationnent. Ce qui captive leur intérêt, c'est la statue de Marie de Nazareth, dont le manteau d'azur semé d'étoiles retombe sur les pieds qui écrasent Satan.

Moham'med parle de Mariam (Marie) avec la vénération due à une créature aimée de Dieu. Et ces Arabes qui possèdent mieux le Coran que les chrétiens savent l'Évangile, regardent avec joie Satan, — le lapidé, — se tordre douloureusement. Mais, si le Prophète ne reconnaît pas à Jésus la qualité de fils de Dieu, ce n'est pas l'opinion de ces jeunes et jolies Maltaises qui passent l'œil rieur sous leur *faldetta*. Elles reviennent d'accomplir leurs dévotions à la cathédrale, et cette faldetta de soie noire empesée et plissée, qui leur dérobe un côté seulement de la tête, et qui est sans doute un diminutif du voile qui cache en entier le visage des Mauresques, leur donne un charmant petit air mutin.

Voici à droite « la Résidence », l'hôtel du résident français, aujourd'hui M. Massicault. Sur les degrés qui accèdent à l'antichambre, se tiennent les janissaires, dans leur coquet costume indigène. Un jardinet s'étend devant la façade principale, et contre la grille qui le défend ; un zouave est de faction à côté du corps de garde.

En face, la cathédrale élève à la pointe de sa flèche la croix emblématique. La foule entoure la musique militaire ou promène dans ses costumes bariolés.

Il était six heure, et nous nous disposions à aller lire les journaux apportés par le dernier courrier, lorsque tout à coup mon ami me poussa légèrement du coude.

Près de nous passaient deux prêtres. L'un, bel homme, de haute stature, inclinait sa grande barbe blanche sur son camail où tombait une croix.

« C'est le cardinal, » me dit mon ami.

Cet homme, au regard incisif, au large et beau front et dont le visage avait une expression hardie et sévère, c'était le cardinal de Lavigerie.

Son nom est populaire dans toute la Tunisie, les Arabes promettent au « Grand Marabout » le paradis du Prophète (!...) et les Maltais en sont idolâtres.

Ame d'acier dans un corps de fer, malgré

ses soixante ans, il passe la mer, court de Tunis à Biskra, parcourt la France. On le croit dans son archevêché d'Alger ou dans son palais de Carthage, — à la Marsa, — et il est à Rome. On le rencontre sur les confins du désert, on le retrouve en chaire parlant dans quelque église de France. Sa parole subjugue son auditoire ; peu à peu le charme se produit, et, passant devant les fidèles, très grand, drapé dans sa pourpre, le cardinal voit son aumônière se remplir pour son œuvre d'Afrique.

Il a fondé des écoles, des hôpitaux, des asiles où sont admis les hommes de toutes communions. Savant érudit : docteur ès lettres, en droit, en théologie, orateur comparé à Bossuet, politique subtil, le cardinal est tout cela. Il a enfin, d'après l'expression de Gambetta (L. de Campou) fait à lui seul, pour la pacification de la Tunisie, plus qu'une armée de 100,000 hommes.

LES SOUKS OU BAZARS DE TUNIS.

La mosquée : Djamâa Ezitoun'. — La rue et le souk des Parfums.

Dans le haut de la rue des Ministres, s'ouvre à droite le souk des Tamis. A mi-chemin, devant la boutique sombre où un Syrien vend des étoffes et des armes de Beyrouth et de Damas, court la rue « des Parfums », d'un aspect froid et désolé.

A voir les magasins de gauche clos et défendus par ces énormes verrous de l'époque romaine, et la poussière qui s'amasse entre les colonnettes des impostes, on serait tenté de croire que le premier effet de la présence des roûmis a été de fermer une partie de ce quartier avancé des souks. Les quelques boutiques qui restent ouvertes n'arrivent point à compenser l'impression de morne ennui qui tombe des voûtes. En marchant dans cette rue couverte, une large échappée de lumière s'ouvre enfin à gauche. Des fabricants de coiffures indigènes accrochent aux battants extérieurs de leurs portes des chechias ou des fez écarlates semés de sequins dorés. Tout près, la colonnade d'Ezitoun', « la mosquée savante », dessine le trèfle mauresque d'une de ses entrées. En face de soi, au-dessus des maisons du fond, s'assoit un petit dôme recouvert de tuilettes émaillées. C'est grâce à l'abondance de ces dômes et à la couleur de leurs faïences que Tunis, dans les temps anciens, avait été surnommée « la Verte ».

Ezitoun', « la mosquée de l'Olivier », comme on la nomme encore, ouvre trois de ses portes sur un des côtés du souk des Parfums où nous entrons. Sur les degrés qui accèdent au seuil, des petits marchands ont installé leurs modestes éventaires. Des pains de savon s'empilent à côté du cuir rouge, noir ou jaune, des babouches et des larges flots en soie bleue des chechias : la coiffure nationale. Nous sommes en plein centre de ce quartier étrange de ruelles sombres ou singulièrement éclairées ; centre des industries indigènes, quartier du bric-à-brac : dans les souks de Tunis, dont celui des Parfums donne la plus délicieuse idée.

A main droite courent dans la longueur du souk sur lequel ils s'ouvrent de plain-pied, des réduits de trois mètres de haut sur deux de large. A l'intérieur, à deux mètres du sol, une cloison où aboutissent de chaque côté deux bancs accolés aux murs, sépare la partie du fond, où s'entassent pêle-mêle de menues marchandises, de la première, qui est l'étalage. Une ouverture se découpe au centre de cette cloison, dans la décoration de sa boiserie, sous le dessin d'une simple accolade ou bien d'un arc étranglé en deux points.

C'est dans cette minuscule alcôve que s'encadre le marchand de parfums accroupi sur sa natte à la façon orientale dans un décor qui, avec cette retraite s'ouvrant dans les couleurs vives et les ors, a un faux air d'iconostase. Sur les bancs des côtés, étendus de tapis, s'assoient les clients.

Vu ainsi richement vêtu de draperies magnifiques, trônant accroupi dans cet encadrement d'où tombent autour de son turban les « krom'sa » pailletés d'or : cierges à cinq branches figurant la main ouverte, qui sont des ex-voto, le Maure élégant, le marchand de parfums ressemble assez à une idole. Oui, à quelque santon vénéré recevant la visite de ses fidèles, dont les chapelets odoriférants de bois de santal, les petits récipients à « koheul » en cuivre ciselé, les objets en ambre, en ivoire, en argent seraient les offrandes. Et ajoutent encore à l'illusion : les parfums qui s'échappent des bocaux de géranium, de rose, de jasmin, et en spirales légères et embaumantes des pastilles qui brûlent.

Les clients sont nombreux. Les citadins y viennent causer, les Arabes du dehors y achètent pour teindre leur barbe, la paume des mains, les ongles des doigts et des orteils de leurs femmes, la queue de leurs chevaux, la poudre ou les feuilles de « henné ». Et leurs yeux seront réjouis par la vue de cette teinture qui rappelle le brun-rouge que laisse aux doigts l'écalage du brou de noix.

Des colonnes basses, au fût alterné de spirales vertes et rouges soulignées de blanc, supportent sur l'abaque de leur chapiteau bariolé de dessins triangulaires, des arcades de voûtes.

Ici s'ouvre à droite le souk el Blagdjia. Une porte se présente, et c'est à gauche du souk Attarin ou des Parfums, se continuant par celui des tailleurs : « le souk des Étoffes ».

Cette rue des Tailleurs est une des plus animées et des plus curieuses de ce quartier.

Rien que des tailleurs juifs accroupis dans de petites loges exhaussées d'un mètre au-dessus du sol et s'ouvrant sur le souk sans aucune devanture. Là dedans les couleurs les plus riches sont étalées pêle-mêle. Vêtus de leur costume bleu ciel, ils façonnent les « seroual » : les larges pantalons des Mauresques, ou bien les culottes collantes des femmes juives à Tunis.

Ils brodent les « djebba » et les longues dalmatiques des Maures de Kairouan'. Les Juifs appliquent sur le velours des petites vestes de ravissantes broderies d'or, dans un travail qui vaut de cent cinquante à mille francs. Les brocarts d'or ou d'argent qui forment la coiffure des Juives, petite et pointue : le « koufia », ou très grande, comme le hennin de nos châtelaines du moyen âge. Coiffure rapportée sans doute des croisades et que portent encore les Mauresques « fashionables » d'Alger dans les grandes occasions. Et toutes les parties du costume des Juives entre autres sortent de ce souk; depuis le « chan », voile blanc qui, à la façon du « haïk » arabe, les drape en entier, jusqu'au « peskïr », ce ruban où se renferment, comme en un fourreau, les longues tresses de cheveux des fillettes.

Mais c'est le dimanche matin que l'aspect du « souk des Tailleurs » prend son animation du caractère le plus aigu.

Dans cette rue sinueuse et empierrée qui dégringole au milieu des ateliers des brodeurs, se presse une cohue d'Arabes.

On croirait voir quelque gigantesque grenier d'Opéra. Un comble mal voûté avec des restants de peintures à de vieilles boiseries qui seraient des portants montés de la scène pour être rafraîchis. Quelque très grand magasin d'accessoires avec des mannequins costumés, — semblables à des marchands d'Orient, — accroupis dans des alcôves postiches, tous déjà préparés pour la représentation de demain. Et la foule des figurants, des bouts-de-rôles et des crieurs venant s'habiller pour la répétition générale d'un opéra dont demain même on donnera « la première ». D'un opéra? Peut-être plutôt d'un drame, car certains de ces comparses ont déjà des masques sinistres! Et certes les titres ne seraient point difficiles à trouver. Ce serait peut-être : « La mort de Si-Sadok, » — il y aurait du poison et du mystère; — ou bien : « Grandeur et décadence d'un ministre tunisien, » — on verrait grimacer au dernier plan et gesticuler de tous ses membres, « Karakous », le licencieux Guignol. — Certes, il ne manquerait pas dans les annales tunisiennes des dernières années, matière à quelques mélodrames vécus!...

Dans cette matinée du dimanche, au « souk des Tailleurs », il se fait une vente criée à pleins poumons. Et quels poumons de cuivre éclatant possèdent ces marchands endiablés qui retroussent leurs burnous pour courir plus vite. Car ils courent dans la foule, les bras levés en l'air, la tête et les épaules surchargés d'étoffes, de montres arabes avec les vingt-quatre heures du jour indiquées sur le cadran, et vendant mille autres choses encore.

Mais entrons un instant nous reposer dans ce café maure dont le long couloir de l'entrée s'ouvre dans le souk, sous deux colonnes bizarres supportant les corniches ouvrées de la toiture. La porte arquée dans le style mauresque n'est-elle pas curieuse, gardée ainsi qu'elle semble l'être par ces deux brodeurs juifs qui la flanquent de droite et de gauche.

LE CAFÉ DES TOMBEAUX AU SOUK DES TAILLEURS ET LE CONTEUR ARABE.

L'INTÉRIEUR assez vaste de ce café, offrant dans son milieu une salle irrégulière, s'éclaire dans un faux jour qui tombe par d'étroites ouvertures ménagées tout en haut des murs. Sur les nattes exhaussées qui longent l'étroit couloir de l'entrée, s'arrêtent les gens pressés.

A droite le fourneau que traverse une colonne, assied lourdement sur le sol son cube de maçonnerie; des bouillottes et d'autres ustensiles en fer-blanc sont rangés autour du brasier qui crépite. Dokanas au centre et sur les côtés : plateaux plus ou moins bas recouverts de nattes pour les consommateurs. Des colonnes nombreuses s'élèvent, supportant la haute voûte aux poutrelles enfumées. Le chapiteau de ces colonnes est d'un style barbare agrémenté d'ogives et de croissants; tout cela enluminé suivant l'usage.

Tout au fond, dans une petite pièce latérale, défendus par une grille en bois, six drapeaux maigres laissent tomber, lamentables, leurs couleurs défraîchies le long de la hampe, fixée aux côtés de trois cercueils de marabouts. Celui du centre est plus élevé que les deux qui l'entourent; tous trois sont peints de rouge, de vert et de blanc, aux tons passés; tous trois très vieux. Une mince échappée de plein jour pique une lumière sur la boule de cuivre qui termine la hampe. Sont accroupis ou assis sur les divans rudimentaires du lieu, une cinquantaine d'hommes : clients ordinaires du caouadj. La tête tendue, tous ont les yeux braqués vers la dokana du fond où est assis le conteur arabe qui chaque jour, de onze heure à midi, vient d'un accent guttural lire des histoires en de très vieilles brochures.

Société curieuse que celle éparse sur les nattes! Ici, contre le pilier, un nègre d'un noir de suie grisâtre, au turban défait sur un crâne comprimé, invraisemblable, s'esbaudit tout seul sans savoir pourquoi. Ses burnous d'un blanc fort sale s'harmonisent merveilleusement avec son teint; et ses petits yeux aux paupières clignotantes, lui donnent l'expression la plus exacte d'un vieux singe malin.

Puis de vieux musulmans, physionomies de forbans, rappelant les sculptures de l'église des Victoires à Pise, où sont conservés les trophées conquis aux journées de Lépante.

Ils semblent, ces mahométans de vieille souche, conserver encore dans leur race pure de croisements, toute la farouche expression antique.

Puis aussi des éphèbes au teint mat, aux grands yeux intelligents, habillés avec goût et richesse : de jeunes Maures dans leurs draperies aux nuances vives.

Des Juifs au teint rosé dans leur face bouffie, le crâne étroit et le regard louvoyant sous un balai de sourcils ébouriffés, très noirs, se joignant à la racine de leur nez busqué semblable au bec des vautours rapaces.

Du blanc, du bleu, du jaune, du marron, entassé, empaqueté, laissant voir une jambe d'un bronze admirable, une tête coiffée de la chechia ou du turban; tout cela entassé pêle-mêle sur les nattes, dans des postures diverses, au petit bonheur! Le conteur, après avoir fumé sa dernière pipe de kif, s'est assis sur la chaise placée au fond contre le mur.

A voix basse, comme un rhéteur connaissant les ressources oratoires et tenant à ménager ses effets, il a d'abord appelé l'attention. Les conversations s'éteignent, et, tout en assujettissant la monture énorme de ses besicles, il a recto tono achevé les invocations d'usage. Son teint est fortement bronzé; son corps, dans sa puissante musculature, offre un type superbe de la puissance virile. Ses traits sont vigoureusement accentués, son nez saille fortement comme celui des penseurs. Les pointes de ses moustaches égalisées à la commissure des lèvres, se perdent dans l'abondance de sa barbe, et le voile qui lui retombe sur le front, ainsi que ses draperies d'un blanc parfait, en font valoir la belle tonalité de jais mat. De temps à autre, ses yeux au regard droit, mâle, à l'iris assombri, avivent étrangement l'expression sévère de sa physionomie; il les promène en un beau regard circulaire, rassemblant son auditoire attentif.

Les mots pleins d'aspérités tombent de

son larynx, comme tintinnabuleraient, tombant dans une vasque d'airain sonore, les grains rugueux d'un chapelet musulman.

Son geste est sobre et juste, scandant bien sa parole brève et hâtée dans une intonation savante ; et quand il s'anime dans le feu d'une péripétie, on voit saillir sur son front la grosse veine médiane qui caractérise les tempéraments enthousiastes et nobles.

On n'entend d'autres bruits que ceux qui montent du souk en sourdine, ou le heurt des rhalleia où le caouadj prépare le délicieux café, ou encore les exclamations et les rires de ceux qui écoutent narrer l'histoire...

L'Arabe parla ainsi pendant une heure, très grave, doctoral. Puis il s'arrêta, descendit de la dokana en rétablissant les grands plis de son burnous, et très digne il sortit.

Je ne puis me rappeler cet homme sans voir se dessiner devant mes yeux le masque fatal de Savonarole (au musée Stain-Marc, à Florence).

Ceux qui, dans les heures critiques des peuples, entraînent, rallient, subjuguent les foules ont des têtes semblables.

DEUX TYPES DE LA RUE DES BALADINS.

A la porte, en sortant, des sons aigus et discordants se font entendre. Ils s'échappent des pavillons de corne qui agrémentent le fond d'un biniou arabe. L'indigène qui joue ainsi, souffle dans l'outre de peau, tandis que ses doigts ouvrent et ferment les six ou huit trous qui sont les clefs. Devant lui, un jeune enfant, un petit Arabe à la peau bronzée, presque nu, au visage de fillette, danse quelque pas sauvage avec une belle conviction. A son cou s'enroule dans ses replis glauques et froids, et en guise de boa, un serpent dressant la tête. Il saute comme un petit enragé, tandis que s'agite sur son crâne, en partie épilé, la mèche de cheveux du croyant. La mèche par laquelle l'enlèvera de son tombeau l'ange « Israfil », pour l'emporter au paradis du Prophète. Comme il sera mieux avec les divines houris, toujours jeunes et belles, qu'avec ce vilain diable d'homme qui semble être son père!

Dans le haut du souk des Tailleurs, s'en ouvre un autre à l'extrémité duquel se développe la rue Sidi-ben-Ziad. Dans le fond s'élève le minaret d'une mosquée, et à droite s'ouvrent, sous leurs auvents, les intérieurs des cordonniers en babouches.

Nous sommes tout à côté de la « place de la Casbah » et du « Dar-el-Bey », mais laissons l'un et l'autre où nous reviendrons, et descendons la rue longue et poussiéreuse « des Selliers ». A droite de cette rue, s'ouvre la mosquée dont nous apercevions tout à l'heure le minaret. A gauche, larmoient des mendiants sur le trottoir longeant les murs d'un cimetière arabe. Un peu plus loin, derrière une des portes de la ville, se trouve le « souk des Sacs », et une agglomération assez considérable d'habitations indigènes y forme un autre quartier arabe, très silencieux, enchevêtré d'impasses dans une simplicité architecturale qui n'éveille point la curiosité.

La plupart des boutiques de cette rue sont occupées par les selliers, dont elle tire son nom. Ici, comme jadis en France, les gens de même métier sont organisés en corporations et sont groupés dans le même quartier.

Des corps de selles lourds, en planches épaisses, s'alignent contre les murs. Le soleil, chaud comme tous les jours en ce délicieux pays, sèche la couleur rouge dont est peint le parchemin qui les recouvre. Quelques autres artistes brodent les housses somptueuses de velours, et les chemises de cuir souple, vermillon, qui les doivent protéger dans les fatigues des longues marches.

Tout à coup, et en remontant vers le « souk-el-Mestaff », ou perçoit un ramage assourdissant. A un très gros arbre s'accole une koubba (édifice religieux) où repose dans son tombeau quelque marabout. Cette petite chapelle musulmane est aussi une école indigène. Dans la couleur blanche de son dôme et dans ce vacarme, on croirait voir une ruche et entendre un essaim.

Accroupis sur les nattes, les écoliers : bambins de quatre à dix ans, vocifèrent les versets des surates sacrées du Coran, dans des intermittences de salamalecs très convaincus.

Que si l'on me demande le pourquoi de ces clameurs, je répondrai que sans tout ce beau vacarme, qui les tient éveillés, ces gentils petits bonshommes s'endormiraient fatalement, car il peut être intéressant « le Livre », mais récréatif, oh non !

« Souk-el-Mestaff. » Nous sommes dans le centre de la corporation des brodeurs de harnais pour chevaux de selle. Sur leur métiers : hautes et étroites pinces en bois polies par l'usage, les Maures brodent le velours ou le cuir avec les fils d'or ou d'argent pur dont ils pèsent les écheveaux. Appendues au plafond, les broderies de métaux précieux brillent sur le bleu, le violet, le rouge, des travaux terminés. Ouvrages qu'un léger papier de soie défend contre l'air et la poussière.

Au premier détour du souk, au milieu des échoppes encombrées de cuirs multicolores façonnés en poires à poudre, en étuis de revolvers, etc., s'allonge un cercueil.

Sarcophage très simple dont la vue vous refroidit un peu et sous lequel gît le cadavre d'un santon. Des lignes vertes, rouges, soulignées de blanc, dessinent sur la bière une porte arabe, et le couvercle supporte, le vendredi, avec une lumière et un brûle-parfums, le drapeau rouge emblème de « l'imamat universel ».

De la voûte aux ais disjoints tombe une lampe de mosquée, aux côtés triangulaires, avec un épais godet saillant en dessous, comme le globe d'un œil à demi déchaussé de l'orbite.

A gauche, s'ouvre un passage qui conduit au « souk-el-Berka ». « El Mestaff » se continue par un labyrinthe de rues étroites et sombres, vers celle « des Étoffes ».

Le « souk-el-Berka », où dans son milieu se dessine la place de ce nom, rappelle par sa triste histoire les incursions des Sarrasins sur nos côtes de la Méditerranée.

C'est ici que se vendaient les esclaves chrétiens capturés par les pirates.

Des colonnes supportant des voûtes, des boutiques toutes noires s'ouvrant au fond, un air de grande tristesse qui se dégage de cette demi-obscurité, comme de ces lieux qui rappellent de sombres légendes... Mais les choses ont bien changé depuis cette époque que le progrès rapide de la seconde moitié de notre siècle semble rejeter dans les temps fabuleux. Les métiers pour la fabrication du feutre des chechias occupent toute la place. Tout à côté, des hommes manipulent la coiffure nationale, portée seule ou enroulée du turban ; ils la cardent avec de longs chardons épineux.

Et ne dois-je pas une mention à l'Israélite de ce souk-el-Berka, ainsi qu'au marchand de bibelots arabes de la rue de « l'Église » ? L'un et l'autre, en mettant gracieusement à ma disposition leurs riches collections d'armes, d'étoffes, etc., pour l'illustration de mon manuscrit de voyage, ont droit à mon meilleur souvenir : il leur est acquis.

LE SOUK DES ÉTOFFES.

Après le souk Attarin et avant celui des Tailleurs, entre les parfums et les brocarts, se présente le souk des Étoffes, dans la débandade savante des draperies et des bibelots de l'art oriental.

Vu du bas d'El-Blagdjia, s'ouvrant brusquement entre les lourdes portes qui le ferment la nuit, le souk réalise le type exact du bazar d'Orient.

Des deux petits piliers des côtés, bas et bariolés, s'élance de leur chapiteau, orné de festons, l'arc mauresque de son entrée, offrant à l'œil une perspective curieuse d'autres voûtes et d'autres piliers. Sous les arceaux de ces voûtes s'ouvrent, dans l'entredeux des colonnes de droite, les intérieurs des marchands. Des clefs de voûte, passe, par les meurtrières qui y sont pratiquées, la lumière inondant une orgie de couleurs.

Les tapis de Kairouan', dans leurs bandes

multicolores, les tapis de haute laine de Damas, ceux du Maroc, et les carpettes de Stamboul, s'empilent avec les tapis de Tellys, noirs bordés de blanc, séparés les uns des autres par des couteaux, des poignards, des sabres glissés au hasard. Armes damasquinées ou guillochées dans leurs lames que protègent des fourreaux de métal ciselé; armes de luxe à poignée d'ivoire ou d'argent repoussé, serties de cabochons.

Ces intérieurs de marchands, que je nomme ainsi, car le mot *magasin*, tel que nous le comprenons, ne leur peut être appliqué, offrent un sujet d'une conception qui étonne tout d'abord.

C'est l'art, la poésie appliqués au mercantilisme.

Le marchand d'ici est en effet un artiste par l'installation savante des mille choses qu'il vend; un poète, car, étendu parfois sur sa natte, on le surprend se complaire au milieu de tout cela. C'est aussi un diplomate, oh! un diplomate subtil, lisant dans vos yeux et surtout dans votre bourse, comprenant vos paroles sans savoir votre langue. Ce serait vraiment un artiste si ce n'était un marchand, il serait sympathique s'il n'était Juif.

Vous entrez dans ce souk, et, avant même d'avoir réfléchi à cet ensemble qui vous enserre, vous tente, sollicitant votre regard, vos yeux tombent « par hasard » et rencontrent un tapis ravissant. Brusquement vous les portez ailleurs, et c'est un riche plateau de métal incrusté, c'est un coffret, ce sont mille et une tentations.

Si votre œil s'égare par une des portes, un homme vêtu de belle façon vous attire, le sourire aux lèvres; oh! méfiez-vous, le caouadj n'est pas loin!...

Déjà deux, trois, dix tapis s'étendent devant vous dans leurs tons les plus magnifiques. « Mais non, demain je reviendrai... bonjour, pas aujourd'hui!... » Ah! bien oui! Tenez, prenez garde, car, en vous retournant brusquement, vous renverseriez le plateau où fume le café que vous apporte le caouadj; que vous disais-je? c'est là une aimable attention du marchand...

Refuserez-vous, maintenant, ce café si gracieusement offert? « Oh! non, vous pensez-vous, cet homme serait froissé... » Et

5.

sur le banc bien drapé où vous vous asseyez vous apparait l'intérieur de la boutique; éblouissant de cuivres ouvrés, mystérieux dans les filigranes amatis des cassolettes de Perse, en vieil argent. Ce sont des draperies aux tons passés, reliques très vieilles d'un harem oublié; des armes, des broderies. Les longs « moukalas » qui sentent encore la poudre, dans leurs appliques d'or ou d'argent repoussé, avec leur maigre crosse incrustée d'ivoire, losangée de nacre ou sertie de petits blocs d'argent fondu. Des pistolets à pierre, au pommeau appliqué de métaux minutieusement ouvragés, engoncés dans des étuis de cuir rouge brodés de façon antique.

Et dans cette débandade d'étoffes et de bibelots rares, que le jour qui tombe d'en haut, baigne au fond d'une lumière chaude et étrange, restez donc indifférents!

Tenez, laissez-moi pendant que vous humez votre café, vous abandonner là, dans le flot montant de tant d'objets forçant la volonté. Je vous vois tellement mal, monsieur, que tout secours est inutile. Quand un moucheron dégringole dans une toile d'araignée,... mais que dis-je? ce n'est pas aux moucherons que je m'adresse, le Juif n'est pas une araignée exactement parlant... alors quoi?.. Enfin, n'importe, je me comprends, et Barbouchi, le plus juif des Israëlites, me comprendrait aussi.

J'admirais ce jour-là l'effet d'un de mes souks favoris, lorsque je me sentis toucher au bras. C'était un officier que j'avais rencontré plusieurs fois peignant dans les quartiers indigènes. « Tenez, dit-il, regardez : c'est un véritable Titien! » Et, en effet, c'était la brusque évocation d'un sujet imaginé par un grand maître. Sur les degrés d'une des entrées d'Ezitounn', un grand vieillard arabe s'allongeait dans une pose superbe, au milieu de ses burnous blancs et rouges qui formaient comme un tapis royal de pourpre et d'hermine. C'était un marabout, dont une grande barbe blanche voilait le bas de la figure, son turban était fait d'un amoncellement d'étoffes vertes comme en portent seulement les descendants du Prophète. Sa main retenait un long bâton ferré d'une lance qui faisait rêver d'un sceptre, et sa pose était pleine d'une impériale nonchalance. Boabdil descendant de l'Alhambra à l'Alcaiceria, dans le Zacatin de Grenade, pour voir comment vivait son peuple, devait offrir un spectacle semblable.

Puis au bout de ce souk des Étoffes, d'autres souks encore. Un dédale de ruelles étroites, voûtées, noires avec des apparences de souterrains. A droite et à gauche, des antres qui sont des boutiques et où quelque panse de bassin en cuivre pique une lumière.

A côté, un autre réduit dont on ne voit pas le fond; c'est un tisseur en soie, dont la trame rougeoie comme une coulée de lave ou comme une nappe d'eau argentée par la lune : c'est ici « le souk des Soies »; les couleurs les plus vives, les plus éclatantes, rutilent, chatoient dans des lumières incertaines, troublantes.

Plus loin c'est le « souk des Libraires », où le musulman vous regarde de travers quand vous lui demandez un des corans qui s'empilent au fond, reliés de cuir rouge, avec le titre brodé en or sur le rebras.

Puis à côté du souk « el-kouafi », celui

des « Orfèvres ». Là viennent les hommes de l'intérieur, vers le Juif qui offre, derrière son fourneau où montent des gerbes de flammes, l'aspect de quelque alchimiste moyen âge, dans son atelier, qui ressemble assez à un cul-de-sac d'enfer. On cherche sur son front les cornes traditionnelles, mais son turban lui tombe jusque sur les yeux...

Le nomade qui campe aux portes de la ville, l'Arabe du douar et aussi les hommes de grande tente, lui apportent l'or ou l'argent monnayés.

Les louis d'or des Français ou les pièces espagnoles, italiennes, etc., s'allient dans le creuset,— je ne parle pas de l'alliage du cuivre! — avec les bokonfa de 15 francs ou les boukansa de trois, du trésor tunisien. Or et argent convertis ainsi en bijoux.

La femme de l'intérieur tirera du sondouk, parmi le stock des atours ordinaires, la lourde bague d'argent qu'elle montrera toute fière à quelque voisine. « De Tunis!... » dira-t-elle, comme nous disons : « Dernière création de Paris. »

Le voyageur remarquera la large fibule

épinglant à l'épaule les draperies bleues des Bédouines suivant au petit trot et chargées d'un bambin', le petit trot de l'âne chargé de l'époux. La délicate Mauresque d'Alger, entrant au hamman à l'heure du bain, alanguira encore sa démarche. « Ils sont si lourds, ces kals-kals d'argent massif! »

Et à ces dames réunies dans la grande salle de la dalle, regardant avec envie tomber à ses chevilles les énormes bracelets ciselés à coups de marteau, elle dira :

« El-Hadj, mon magnifique seigneur, me les a rapportés de « Tunis la Verte », à son retour du saint pèlerinage. »

Et les souks se croisent, s'enchevêtrent, dans des passages bas, dans les lignes rompues et irrégulières de perspectives inattendues. Mais un jour ils disparaîtront, ces quartiers, comme disparaissent déjà certains artistes de l'industrie indigène. Des armuriers, il n'en reste que quelques-uns : les fusils français ratent moins, varient moins, portent mieux. Des graveurs en pierres dures, il n'en reste qu'un seul, un vieillard maure : on imite si bien les pierres fines, et puis c'est bien moins cher!

Mais c'est vraiment encore un bien curieux quartier que celui-ci. Habité seulement pendant le jour, car ici ne sont que les boutiques ou les ateliers; Maures, Arabes, Juifs, demeurent dans leur quartier respectif.

Autant de l'aube au crépuscule cette partie de la ville est animée, autant elle est silencieuse la nuit. On compterait les bruits qui s'élèvent, aux heures du repos, de ces vingt-cinq ou trente ruelles où on ne rencontre que de temps à autre une forme blanche allongée dans l'ombre.

C'est un gardien qui, drapé dans ses burnous, sommeille, étreignant sa matraque de bois dur, et que le moindre bruit réveille.

UN CONCERT DANS UN CAFÉ MAURE DE LA RUE DES TEINTURIERS.

L est neuf heure du soir. Nous errons depuis le déclin du jour dans le quartier indigène. Pendant une heure, nous nous sommes assis dans une rue, sur les nattes, à la porte d'un café maure, au milieu des Arabes, jouissant, sans rien dire, du charme pénétrant du crépuscule, rêvassant, tout en absorbant notre dix-huitième tasse de café de la journée...

Puis maintenant, nous marchons. Nous nous égarons dans des ruelles ténébreuses, et tout à coup, à une porte dont les ais disjoints laissent filtrer une lueur jaune, nous nous arrêtons et crions en arabe : « Ouvre! » Une femme outrageusement grimée entr'ouvre un peu les battants, et nous saisissons la scène d'intérieur dans une vision rapide, car sitôt l'horrible vieille referme, en maugréant, la porte devant nos habits européens. C'est une maison réservée. Assises en rond, cinq, six créatures du Sud, — je n'ose, par respect, dire : des femmes, — au masque fardé, surchargées de pendeloques sur leurs hardes dépenaillées, attendent les clients musulmans; ceux-là seuls. Et nous continuons, muets, errants dans les rues tortueuses et noires.

Nous marchons, marchons, et nous trouvons tout à coup devant une koubba d'où s'élèvent des chants religeux. Les portes sont ouvertes toutes grandes, et la lumière, s'insinuant dans les murs vermiculés d'arabesques, éclaire sur les nattes, accroupis ou debout, de longues files de croyants qui prient. A chaque invocation de l'iman, reprennent en chœur de longues réponses entremêlées de profonds salamalecs; cela rappelle des litanies chrétiennes.

Lui, sur quelques portées rapidement tracées, note au vol les notes de l'hymne religieux pendant que je croque à la hâte l'intérieur. Mais bientôt des Arabes nous entourent, et brusquement on ferme les portes, pendant que les chants continuent sur le même mode.

Et nous continuons notre promenade.

Tout à coup, d'un carrefour s'échappe un flot de lumières, et l'on entend des instruments barbares accompagner de nouveaux chants; nous sommes dans la rue des Teinturiers, où se donne ce soir un concert indigène.

Le café est rempli de dilettanti assis sur les nattes, pressés, heureux; tous Arabes ou Maures, au milieu desquels nous parvenons enfin à nous caser non sans quelque peine.

Ils sont quatre exécutants, assis sur leurs jambes repliées, s'appuyant au mur de la dokana du fond; quatre Maures vêtus de draperies vertes, gris-perle ou blanches.

Le premier joue des « regg » : petits tambours ovoïdes dont la caisse est recouverte d'un parchemin. Instrument semblable à celui qui figure dans le concert de trois heure au Bardo, et qui rappelle celui employé dans la musique provençale, à côté du tambourin et du galoubet. L'artiste bat la peau tendûe, avec deux petits bâtons terminés par une boule; du bout des doigts de la main droite il fait basculer l'un du pouce sur l'index, et de l'autre donne les coups de force.

L'exécutant son voisin tient le tambour de basque garni de clous à tête dorée; du bout des doigts réunis, d'un coup sec au milieu, il fait résonner seules les crotales de cuivre, ou frappe à plat sur les bords. Un gros homme aveugle tient un rebec. L'instrument est plaqué de nacre dans la partie supérieure, découpé à jour en dessins serrés et curieux.

Un des musiciens taquine les cordes d'une guitare dont la table d'harmonie est découpée en trois rosaces aux dessins variés.

Ils jouent... Le rebec prélude et les « t'bales » grelottent à sa suite; puis, sans qu'on s'en rende bien compte, les instruments suivent, et l'on n'y songe que lorsque déjà les chants sont en train. Ils jouent et chantent, avec des intermèdes de paroles et de musique, les strophes sur un ton élevé, soutenu et guttural.

Les t'baies font crépiter leurs notes comme dans un galop bruyant; les tambours vibrent. Le rythme est toujours observé et les chants rapides, s'entremêlant dans l'acuité des sons qui redoublent, font penser à quelque rapsodie endiablée; de cet ensemble se dégage le sentiment confus et inexprimable d'un inconcevable entraînement.

UN OFFICIER INDIGÈNE DE SPAHIS.

Ce soir-là, dans ma chambre, notre ami Hussein, lieutenant de spahis indigène, chantait de son verbe le plus guttural, l'hymne guerrier du caïd Ben-Nasser.

Il s'était jeté plutôt qu'assis sur le divan, et, enveloppé dans son burnous rouge aux grands plis qui s'amoncelaient, Hussein avait vraiment grand air. « Tu as un superbe costume, lui dis-je, et quand tu passes dans les rues des villes ou dans le tourbillon des fantasias échevelées, bien des belles jeunes filles doivent te suivre des yeux; or c'est déjà très beau cela, sais-tu! tiens, je me ferais spahi, rien que pour cela... — Oh! tu ne serais peut-être pas le premier; mais je sais aussi ce que cela me coûte... — Si cher? — Pour une grande tenue, compte au moins sept cents francs. Nous avons notre burnous de soie blanche et notre manteau rouge; une brida : la corde en poil de chameau qui s'enroule au turban; nos themags : ces grandes bottes de cuir rouge, souple, brodé, qui ont la forme de grands bas; puis encore un haïk de soie; de larges patalons, une veste et deux gilets. Cela représente déjà une certaine somme, ajoutes-y encore les kabouss, qui ressemblent aux calottes de vos prêtres; nous en avons douze empilées les unes sur les autres pour amortir les coups de sabre.

« Puis avec tout cela, nos « distinctifs » en soie ainsi que notre ceinture; tu vois? Ajoute encore notre tenue numéro deux, et le harnachement de nos chevaux les jours de fantasia, et tu comprendras que, tout payé, *on peut écrire à sa famille.* »

Et comme je souhaitais au somptueux Hussein un nombre incalculable de « bonnes fortunes » pour le dédommager, mon voisin entra. Oujaama le suivait, apportant sur un très grand plateau trois minuscules tasses de café.

Cinq minutes après, nous nous trouvions tous trois assis, accroupis ou couchés, sur la terrasse de la maison. La nuit était d'une incomparable beauté, d'une douceur admirable, pas le moindre souffle; la fumée des pipes montait droit dans le ciel bleu.

M. d'Oisy nous narrait un chapitre de la vie indigène à Tunis : « le Rhamadan ». Je fermai les yeux, ravi en de doux songes.

LE RHAMADAN A TUNIS.

EN cette année de grâce où nous vivons, le rhamadan, pendant les trente jours duquel mois les musulmans *font carême,* — « Tu entends, Hussein ? — Oh! moi, macach! » — commencera de douze jours en retard sur l'an dernier, dans la première semaine de juin. Préparatifs : badigeonnage intérieur et extérieur des mosquées. A Ezitoum', mosquée-université, six cents lampes brûleront continuellement, ainsi que trois cents bougies. Prières extraordinaires ; la veille le grand mufti les prononce debout, immobile, de huit heure du matin à dix heure du soir. Le bey fait acheter des bœufs, des moutons, des poules, pour une valeur de dix mille fr. ; on envoie le tout à la Marsa. Deux jours avant le rhamadan, les notaires de Tunis s'en vont, de par l'ordre du cadi, guetter la lune du haut des minarets.

Aussitôt sa venue constatée, ils préviennent le cadi, qui annonce à son tour la nouvelle au bey. Ce dernier ordonne au Premier ministre de faire tirer deux coups de canon, l'un à la Casbah, l'autre au palais du Bardo. Salve qui se réitère tous les soirs, à sept heure, pendant toute la durée du mois.

Comme le jeûne est rigoureusement prescrit d'un coup de canon à l'autre, les musulmans dorment pour tromper la faim. Si quelqu'un rompt ouvertement le jeûne, le cadi a le droit de lui faire appliquer quatre-vingts coups de matraque sur les épaules; six huissiers sont spécialement commis à ce soin. Sur la place El Halfaouine, foule considérable autour des baladins qui occupent les magasins loués à des prix exorbitants pour ces trente jours. Mois de « far niente » ou seulement les plus misérables font quelque chose. C'est dans ces baraques que *Karakous* ou *Gara-Keuche*, si vous préférez, s'exhibe pour deux caroubes. Ces séances ne durent qu'une demi-heure; mais quel spectacle, mes enfants! Hussein, si tu ne le savais mieux que moi, ton visage deviendrait plus rouge que ton manteau de pourpre!

Devant ces abominations priapiques, le fourreau de ton sabre te semblerait trop large pour y cacher la honte que tu ressentirais!

O Karakous, guignol licencieux que Théophile Gauthier métamorphose en faune, qu'il habille en Turc et lâche, armé de toutes pièces, au travers des harems, des bazars, des marchés d'esclaves. O souvenir abhorré de Kara-Kouche, gouverneur du Caire, démolisseur de mosquées, profanateur de tombeaux.

O « oiseau noir » qui transporte d'aise les petits enfants d'Orient... et même les personnes graves qui sont leurs parents!... Mais parlons de divertissements d'un réalisme moins effroyable, voir Karakous donne le cauchemar. Les soirs où j'y allai, je revis la nuit son ombre chinoise danser, sauter, plonger dans mes draps, dans les rideaux de mon lit : c'est horrible!

La partie sage de la population s'abstient de cette exhibition malsaine. Les « gens de bonnes familles » ne quittent l'unique mais substantiel repas du soir que pour aller passer deux ou trois heures de nuit dans les mosquées. Les riches, les fils de famille se réunissent; chaque quartier forme un cercle de ce genre. Ils jouent aux dames, boivent, fument de huit heure à minuit, mangent solidement jusqu'à deux heure, chez eux, puis reviennent souvent au cercle qu'ils ne quittent qu'à six heure du matin pour s'aller reposer tout le jour.

Au quinzième jour, un redoublement de piété se manifeste, et les mosquées prodiguent les lumières. Le vingt-sixième jour, le bey, — qui chaque matin vient à son palais de la Casbah pour y recevoir, — s'installe avec sa famille et la cour au Dar-el-Bey pour y passer la nuit suivante. A quatre heure de l'après midi, sort le cortège. Les princes caracolent sur des chevaux superbement harnachés et escortent les voitures d'apparat. L'Altesse beylicale monte un magnifique cheval sellé d'une housse de velours rouge brodé d'or, tenu en main.

La brillante chevauchée descend au milieu de la foule la rue de la Casbah, tourne à droite contre la mosquée d'Hamouda Pacha, prend la rue Sidi-ben-Arous et, à gauche, le souk des Parfums. Le bey met pied à terre devant la Djamâa Ezitounn', suivi des princes, ministres, aides de camp. Le maire arabe de Tunis le déchausse et lui passe aux pieds des babouches jaunes.

Chaque prince et ministre enlève ses chaussures, qu'un domestique porte derrière lui. S. A. traverse la cour centrale et pénètre dans l'intérieur de la mosquée.

Les imans commencent la prière, le bey y prend part une demi-heure, puis monte en voiture. Le cortège continue son itinéraire par les principales rues du quartier de la Casbah et s'arrête un instant au marabout de Sidi-Ibrahim-Riahi. Puis, se remettant en marche, le maire arabe se tenant à cheval en avant du landau beylical, on descend vers le quartier européen, dans la ville basse. Dans le carrosse du bey se tiennent : son frère Taïeb, prince héritier, — quelle exécrable réputation a ce Taïeb! — le premier ministre, et le ministre de la plume. Le cortège passe devant la résidence, — l'hôtel du résident français, — qui rend les honneurs, et il regagne ensuite le Dar-el-Bey. Il est sept heure du soir et les autorités françaises conviées au repas de gala s'y rendent. La musique du bey se fait entendre durant ce festin, qui coûterait, dit-on, trois mille francs à l'amphitryon. La place de la Casbah s'illumine, et sur le frontispice du palais le chiffre d'Ali-Bey se détache en lettres de feu. C'est charmant.

Puis vient ensuite la promenade à pied dans les souks, et les marchands inondent l'habit du bey de leurs essences variées. On retourne ensuite au palais par la rue de la Casbah. Aussitôt le souverain monte en landau et se rend à la municipalité pour remercier le maire de ses complaisances de la journée.

A deux heure du matin, un lunch répare les forces, et il est permis de croire que l'on s'en va enfin goûter un repos bien mérité.

Le trente et unième jour, se clôt le rhamadan. Dès six heure, le peuple en habits de fête « inonde les mosquées ». A huit heure, salve de vingt-quatre coups de canon tirée aux portes de la ville, et de vingt et un au Bardo, ainsi qu'à la Goulette et au palais beylical de la Marsa. Le bey reçoit au baisemain, dans le grand salon de réception du Bardo, — le palais officiel, — d'abord les princes et les ministres, le maire et les conseillers accompagnant les notables.

Ensuite le ministre-résident français, l'armée, la colonie; enfin les fonctionnaires arabes et européens. Grande distribution de Nicham Iftikar.

Le jour suivant, le Bey reçoit les consuls et la colonie étrangère, enfin les Juifs et leurs rabbins.

« Hein, c'est intéressant, et mérite la peine d'être vu?... » — Ainsi concluait l'orateur.

. . . .

Quand je me réveillai, je fus tout étonné de me trouver seul, et plus encore de me voir couché sur la terrasse de la maison. Le ciel rougeoyait derrière le minaret de la mosquée d'Hamouda, le jour pointait et c'était le premier « selam » du muezzin qui avait interrompu mon sommeil.

Le doux ravissement où je m'étais transporté en arrivant sur la terrasse s'était si bien affermi, que je n'avais pas attendu que mon nom soit écrit en lettres de feu pour goûter un sommeil réparateur.

J'avais donc irrévérencieusement laissé mon ami badigeonner l'intérieur et l'extérieur de ses mosquées à la barbe d'Hussein. —

« Nous avons pourtant tiré beaucoup de coups de canon, cette nuit, me dit le lieutenant rouge, mais tu paraissais si heureux, que nous n'avons pas voulu te réveiller!... »

DE-CI DE-LA.

J'ERRAIS déjà depuis longtemps, et fatigué d'avoir tant marché, je m'assis à la porte d'un café maure, regardant les gens passer. Il faisait très chaud; et comme hébété par le bruit, par cet éblouissement de couleurs et de murs blancs, je rêvassais.

J'étais tombé en cet état de léthargie paresseuse qui vous pousse à vous asseoir quand vous êtes debout, à vous coucher si vous êtes assis, et à vous abandonner à une sieste prolongée.

Il pouvait être une heure de l'après-midi; je sentais s'insinuer dans mes veines un fluide brûlant : le simounn soufflait ce jour-là, et je guignais du coin de l'œil, au fond du café, certaine place que j'avais bien envie d'occuper « en longueur ».

A un moment, il me sembla ouïr certains bruits de fête, comme des cris joyeux poussés en chœur, puis je n'entendis plus rien. Peu à peu, la rue était devenue déserte; et, reflétée par les murs, la chaleur se faisait accablante : j'avais la tête en feu. « Serait-ce un premier symptôme d'insolation? » me pensai-je, et j'entrai me mettre à l'abri à l'intérieur du café. Sur le seuil, m'arrêtant, je prêtai de nouveau l'oreille. Cette fois, les chants : des chants arabes, se percevaient nettement, modulés sur un ton surélevé ; « C'est quelque procession, sans doute? » et j'attendis.

Bientôt débouchèrent d'une rue voisine, marchant à un pas accéléré, une quarantaine de musulmans, au milieu desquels, élevé sur des épaules, se balançait quelque chose que tout d'abord je ne distinguai pas. Ils passèrent devant moi, et je vis, étendue sur une litière garnie de colonnettes, une forme rigide, qui cassait en de grands plis les draperies multicolores qui la recouvraient. C'était un cadavre que très vite on portait au cimetière, au milieu de chants qui ressemblaient plus à un « Te Deum » qu'à un « De profundis ».

Je suivis des yeux le cortège qui disparut au détour de la rue, dans la direction de la mosquée Ezitounn'. Puis, sollicité sans comprendre pourquoi, mon regard se porta machinalement vers le milieu d'une muraille voisine.

Et quelques minutes je restai là, bouche bée, devant une apparition fantastique, croyant rêver. D'un point du mur, d'une blancheur parfaite, se tenait droite, comme plaquée là, une tête de Juive outrageusement maquillée, terminée en pointe par les brocarts resplendissants de sa coiffure. Une tête qui semblait décapitée, pleine de couleurs et de vie; collée contre le mur tout blanc, dans un envolement de mousseline qui paraissait disposée comme pour cacher la trace de la décollation. Je ramenai les yeux à terre, puis regardai de nouveau; je ne vis plus qu'un trou rond et noir percé dans la muraille. Appelée sans doute par les chants, la femme y avait engagé la tête pour voir passer le convoi, puis s'était retirée.

Le premier détail qui me frappe dans la journée déteint généralement sur toutes mes pensées, jusqu'au moment du sommeil. Tout en marchant pour me distraire, je réfléchissais à cette chose étrangement curieuse qui est : la mort! Pourquoi y pense-t-on si souvent, et pourquoi cette pensée s'identifie-t-elle si bien, si intimement en soi qu'on en arrive à ne plus pouvoir vivre qu'en elle?... Les Arabes croient à l'immortalité de l'âme, et, sans larmes, ils se débarrassent de *cette chose impure* qui est : la matière morte, d'une façon relativement joyeuse. Bien plus conséquents en cela que les catholiques, qui, spiritualistes, pleurent ceux qui partent et rendent à leur dépouille, dans l'absurde mise en scène des funérailles, des honneurs que ne mérite pas la matière.

Il me revenait à l'esprit des scènes en harmonie avec la tournure peu folichonne de mes pensées. Je me revoyais, descendant de l'Alhambra de Grenade, arrêté sous la « porte de Fer ».

En face de moi, montait, par la rampe pierreuse et raide qui du Darro conduit au cimetière, le convoi funèbre d'un gitano.

Eh bien, c'était positivement très drôle !

Quatre hommes portaient la bière, ayant encore aux lèvres le bout éteint de leur dernière cigarette. Derrière eux, quatre autres bohémiens suivaient pour relayer les premiers. Et ils devaient se raconter sur le compte de *l'autre,* — en dépit du trou ménagé dans le couvercle du cercueil, au-dessus de la tête, des choses bien folâtres, car ils riaient de bien bon cœur!

Derrière, marchaient à la débandade une dizaine de gamins armés de cierges allumés. Je dis : armés, car ces petits mécréants se battaient avec!...

Mais j'allais, marchant dans mes souvenirs, me perdre encore une fois dans ce dédale creusé de souterrains où gîtent les gitanos, dans le Sacro-Monte, lorsque je ne sais plus quoi me rappela que j'étais en Afrique.

« Allons, me dis-je, pensons à quelque chose de moins lugubre. »

Cette fois, retombant encore dans le passé, je me retrouvai par une belle journée pleine de soleil, tout en haut de la Casbah d'Alger, près de l'ancien palais du dey.

Un groupe d'Arabes passa et, se détachant en avant, quatre d'entre eux portaient sur leurs épaules *quelque chose* recouvert d'un simple burnous. « Ah! mais encore un? — Bigre, monsieur, comme vous devinez vite!

oui, c'en est un autre, mais ce sera le dernier; allons l'enterrer, vous voulez?... » Je suivis le cortège, et après lui pénétrai dans le cimetière.

Les amis du défunt allèrent se masser dans un coin, près d'une petite koubba toute blanche, toute mignonne, et se mirent à chanter d'une façon qui n'avait rien de triste. Je m'attardai un peu parmi les tombes enclavées en marbre, et dans ces enclos, où avait été enseveli un corps, croissaient des herbes et des fleurs. Au chevet ainsi qu'aux pieds, deux petits godets, évidés pour abreuver les oiseaux.

Peut-on mettre plus de poésie sur une tombe? — Y a-t-il rien d'aussi profondément suggestif que cette image : des fleurs poussant, s'épanouissant, belles et embaumantes, fécondées de la décomposition d'un corps humain? Comme elle fleurerait bon, la violette cueillie sur la tombe d'une maîtresse aimée! Une violette puisant sa sève, aspirant sa vie, du cœur, du cerveau de l'adorée, de son beau corps mort aux caresses éperdues, aux étreintes follement voluptueuses...

7

Quel délicieux symbole et quel splendide credo dans l'immortalité procréatrice, la mort donnant la vie !

Mais j'avais perdu de vue le lugubre fardeau et, tout en promenant, j'arrivai devant la porte de la koubba. Je vis d'abord un Arabe qui, des linges à la main, se tenait penché sur un objet absorbant toute son attention.

J'abaissai les yeux et je vis, nu sur une planche inclinée, tout ruisselant d'eau et les pieds braqués vers moi : le mort.

.*.

Tout en marchant par les rues de Tunis, j'arrivai à une assez vaste place où se tient chaque soir *un marché de vieilleries*, tout au bout de la rue des Selliers.

Accroupis sur leurs nattes, des marchands arabes ou nègres étalent devant eux les bibelots les plus disparates, dans un rapprochement qui, s'ils pouvaient se voir, les ferait hurler. C'est un peu la place de Chartres d'Alger, dans sa partie réservée au bric-à-brac. Il y a des choses françaises mêlées à d'autres qui sont arabes, ou qui sont espagnoles, ou qui sont on ne sait d'où.

Devant l'un des marchands, serpentait un chapelet à côté d'un flissah : vieux poignard au fourreau de cuivre découpé et gravé.

« Combien veux-tu de cela? » Et je lui tendis, — c'était un nègre, — les deux objets en question. Il ne répondit pas. Après m'avoir laissé réitérer trois fois ma demande, il daigna ouvrir les lèvres : » Moi macach vendre. — Comment tu ne vends pas? — Non. — Pourquoi? » Alors, impatienté, il me dit : « Pourquoi toi *roumi*, moi macach vendre à toi ça? » Et brusquement il se jeta sur le chapelet musulman que je tenais. Je regardai à côté, j'aperçus son voisin : un Arabe, qui promenait sur nous son regard indifférent.

Je crus comprendre et allai m'asseoir à la porte d'un café maure, sur les nattes d'une dokana qu'ombrageait un gros arbre. Une femme vint à passer, accompagnée d'une fillette. L'une et l'autre d'un aspect assez bizarre. De toute leur personne on ne voyait que la pointe de leurs chaussures, tout le reste disparaissait sous un immense voile.

Elles marchaient les bras tendus, soulevant leur mystérieuse « *m'laffa* », ce voile qui de la tête, qu'il recouvrait, serait tombé à terre si elles ne l'avaient ainsi retenu. Et avançant lentement, tête baissée, elles regardaient dans l'entre-bâillement, là où poser le pied.

« C'est une veuve « de bonne maison », me dit le caouadj; elle revient du marabout des femmes. » Et il me désignait une petite koubba dissimulée dans des buissons où j'avais remarqué, le vendredi précédent, un drapeau rouge s'élever au-dessus de la porte.

Le soir venait, et je retournai vers le marchand nègre. Son voisin s'en était allé, les autres ramassaient leurs bibelots. Je pris quelque monnaie que je mis devant lui, et je partis tenant le poignard et le chapelet.

Quelques pas après, je me retournai; le nègre me suivait des yeux sans mot dire. Continuant ma promenade, au petit hasard des chemins, j'arrivai devant une des portes de Tunis. Dans un cippe creusé dans l'épaisseur d'un des murs, brûlait une lumière en l'honneur du saint de l'Islam, patron du lieu.

Des Arabes étaient là : employés de l'octroi tunisien, visitant ceux qui entraient, les ânes et les chameaux chargés de marchandises.

Plus loin, je me trouvai sur l'esplanade où les eaux du Zagh'ouan, amenées à Tunis, forment ce jet superbe qui, par son abondance fait l'admiration des indigènes. De cet endroit j'aperçus des tentes qui s'élevaient sur un terre-plein voisin. Je redescendis et m'y dirigeai.

C'était un camp de Bédouins. Des molosses au poil long, d'un blanc sale, hargneux, vinrent bientôt vers moi aboyer de formidable façon. Les chevaux entravés broutaient çà et là. C'était le soir, et ce camp offrait un joli tableau. J'errai entre les tentes, sous lesquelles j'entrevoyais, dans la lueur du foyer qui brûlait au fond, des groupes de femmes, de fillettes, puis des Arabes qui levaient la tête de mon côté.

Les femmes ou les filles de ces hommes. J'en entrevis une entre autres, oh! la jolie sauvagesse. Je hâtai le pas pour ne plus la voir, mais deux minutes après je me surpris de nouveau devant l'entrée de sa tente.

Près d'elle, un Arabe, son père sans doute, me regardait, montrant deux rangées de dents blanches et bien plantées. Voulait-il me mordre ou me sourire? Mais non. Bonjour! « me cria-t-il. — Tiens, tu parles français? — Oui, nous venons de Biskra, nous sommes Algériens. » Il me plaisait, cet Arabe. Je lui trouvais un certain air respectable, il m'était sympathique... « Peut-on entrer? — Oh! si tu veux... » Je lui tendis la main, lui offris une cigarette qu'il accepta, et je m'assis... à côté *d'elle*.

J'étais positivement sous le charme, et je répondais en dépit du bon sens à ce que me disait l'autre. Je cherchais un prétexte pour parler à ma voisine, je le trouvai dans ma poche, sous la figure délicatement sculptée de ma pipe : une tête de mort. Après m'avoir incendié le cœur, *la Fille du désert,* — il me plaît ce mot! — alluma mon crâne de racine de bruyère.

Mon Dieu, ses mains étaient bien noires, mais ses yeux! des yeux très grands, comme voilés d'une lueur veloutée, mouillée, avec de longs cils très noirs! La plus aimable gazelle eût vu ses yeux pleurer de honte en se mirant dans les siens.

Toute jeune, toute mignonne, avec un petit air espiègle qui ombrait par instants le coin de ses lèvres.

Sans doute son costume était bien léger : une simple étoffe bleue, mal agrafée à l'épaule par une large fibule... mais s'il y avait peu de voiles, il y avait vraiment beaucoup de promesses.

La conversation languissait, et je ne sais quelle désastreuse inspiration me passa dans l'esprit, tant et si bien que je lui demandai : « C'est ta fille?... » Lui, me regarda, puis : « Non, ma *mouquière*... — Hein?... » Oui, j'avais bien compris, ma gazelle appartenait à ce chacal; c'était sa femme...

Eh bien, je vis que je ne l'avais pas bien regardé d'abord, car cette fois je le trouvai affreux, lui, avec ses grandes dents, ses burnous sales, ses... En partant, je lui serrai la main; oh! si j'avais pu la lui broyer!

DE-CI DE-LÀ.

Mon ami et moi, nous étions arrêtés à Halfaouine, — une des places de Tunis, — dans un café indigène occupé en partie par des artisans nègres qui assemblaient en couffins de larges tresses d'alfa. Accroupis très sérieusement sur les nattes d'une dokana, nous combinions, absorbés, la marche de nos pions sur un échiquier arabe. Près de nous, une abracadabrante négresse nous regardait de ses yeux d'une grosseur énorme, et d'une si étrange fixité, qu'à chaque instant je me retournais vers elle comme malgré moi. Elle tortillait entre ses doigts, de dimensions à faire frémir, un bout de dentelle tout fripé.

Depuis une demi-heure qu'elle était là, pas un mot ne lui était échappé. Exaspéré, je lui enlevai son chiffon des mains, elle me regarda; je vis ses lèvres lippues se décoller, se fendre d'effroyable façon, découvrant des dents larges et très blanches, ses yeux s'humectèrent un peu : elle me souriait!...

Nous nous levâmes pour partir, elle se leva aussi. Ce n'était pas un type commun; très grande, ses bras musculeux battaient à mi-cuisses, tombant contre son torse largement développé; sa gorge se bombait bravement. Ses hanches cambrées en une courbe hardie, sculpturale, et ses membres inférieurs bien dessinés, ajoutaient par la régularité de leurs lignes à la correction de l'ensemble.

Quand nous sortîmes, elle nous suivit. Nous en apercevant, nous hâtâmes le pas. Quelques minutes après, nous retournant, nous la vîmes marchant derrière, toujours de la même allure, semblant n'avoir qu'un but : nous suivre en se tenant à distance respectueuse. Chaque fois que nous nous retournions, nous apercevions sa tête qui dépassait les chechias, les turbans, et bientôt, des burnous de la foule, se détachait la draperie bleue qui ne couvrait qu'à demi l'opulente mais tenace créature. Elle semblait infatigable, toute la tactique que nous déployions pour *égarer l'ennemi* était déjouée.

Elle connaissait les rues, les carrefours, les impasses aussi ; cela tournait à l'obsession. J'eus enfin l'explication du mystère. Ne lui avais-je pas pris des doigts le lambeau de dentelle ? ne l'avais-je pas conservé ?? Elle-même, ne l'avais-je pas regardée avec insistance ???...

Les arguments étaient écrasants, j'avouai, j'avouai tout.

Dès lors, c'était très clair, elle m'avait été fidèle quand même !...

Elle s'appelait Lalahoum'...

. . . .

Errants toujours dans les rues du quartier musulman, la vie indigène se manifestait parfois devant nous, dans des détails curieux.

A un détour de rue, nous croisâmes une troupe de gens : des Maures.

Les premiers, dans une fanfare triomphale, ouvraient la marche.

Au milieu du groupe principal, marchait un cheval qu'un homme tenait en main. Le corps de l'animal disparaissait sous la charge multicolore de tapis, de matelas, de coussins. C'était les présents d'un fiancé que l'on portait chez les parents de la future.

Nous étions entrés dans un quartier isolé, au hasard, nous prîmes une impasse. Un grand silence régnait dans ces ruelles toutes petites dessinées par des habitations si basses, qu'il nous semblait pouvoir, du bout des doigts, atteindre la partie supérieure des murs.

Et tout était silencieux à ce point, que nous-mêmes marchions muets, doucement, pour ne pas faire de bruit.

Une porte s'ouvrait à gauche, sur la cour d'une maison indigène.

C'était le plus coquet petit patio d'habitation mauresque.

Le sol était revêtu de larges dalles de marbre blanc, et tout autour couraient de frêles colonnettes supportant un semblant d'étage.

Au fond, au-dessus d'une entrée d'où tombait une portière, se dessinait une gracieuse fenêtre géminée encadrant des arabesques découpées à jour.

Sous la galerie, deux femmes étaient assises sur les dalles, recouvertes d'un tapis. Deux Mauresques dont les doigts chiffonnaient des étoffes; près d'elles, une jeune enfant. Je ne sais plus aimable vision.

Ces fort jolies et toutes jeunes Mauresques, surprises à visage découvert, avec la gaze légère qui ne voilait que juste assez l'entre-deux des seins, les jambes nues dans un envolement de mousselines légères, c'était délicieux.

Ce contraste offert par la blancheur uniforme et nue des murailles, où s'ouvrait brusquement cet intérieur tout ensoleillé où le rosé des chairs, le blanc ou le bleu pâle se confondaient, offrait l'effet d'un songe paradisiaque.

Mais l'enfant leva la tête, poussa un petit cri, et c'est à peine si nous eûmes le temps de voir dans un mouvement rapide les femmes se voiler le visage, que violemment la porte se referma.

Par hasard, cette fois-là, notre promenade avait un but; nous nous rendions dans un café de haschischins.

Plein encore de mes souvenirs d'Algérie, j'imaginais un *machâchat :* une pièce tendue de nattes sur le sol et aux murs à hauteur d'homme, et appendus, des instruments de musique ou des tableaux enluminés de façon primitive, à la façon des Arabes d'aujourd'hui.

Puis, assis en cercle ou couchés, je croyais revoir des hommes fumant, l'œil noyé de vague, muets dans une atmosphère d'effluves capiteuses.

Il n'était rien de tout cela. Le haschisch est bien moins en honneur en Tunisie qu'en Algérie, et le lieu où nous entrâmes était un simple café.

Quelques Arabes *mangeaient le kif* dans les fourneaux minuscules emmanchés d'un long tuyau de baleine, de merisier ou de bambou.

Le haschisch, ce similaire de l'opium, mérite une mention spéciale.

Le haschisch, kif ou t'krouri.

Ces trois mots désignent le *cannabis indica :* le népenthès d'Homère, plante de la famille des Urticées.

Le chanvre indien, dont le principe toxique est la cannabine, se cultive en Algérie à Tolga, dans le Zab à Bou-Chagram.

Les effets du kif sont variés, et produisent, suivant l'usage modéré ou l'abus, des effets salutaires, reconnus par la médecine, ou des dérangements cérébraux dont les aboutissants sont la folie et la mort.

Pris à dose modérée, le haschisch réagit avec succès contre les affections pulmonaires ou les douleurs rhumatismales. Beaucoup le regardent comme anti-asthmatique, anti-névralgique, efficace contre la peste ou le choléra.

Mais ce n'est pas ainsi que le considèrent les haschichins adonnés à l'usage de ce stupéfiant.

Ils y puisent dans un suicide certain, mais plus ou moins long et agréable, les voluptés cérébrales que les Chinois demandent à l'opium.

Dans le premier période de l'intoxication, le kif procure en effet les jouissances attendues.

Le cerveau et les systèmes sensitif et moteur acquièrent une suractivité notable. Le sommeil est généralement calme, et les *houris* chantent aux sens un amour intrépide.

Au deuxième période, l'épuisement des organes se manifeste en même temps que s'observe une grande irritabilité d'humeur. Les forces physiques décroissent, l'activité du cerveau s'altère; le caractère se concentre, le visage lui-même se parchemine. Suivant le tempérament du sujet, les résultats de l'abus du kif se différencient.

Les uns se détruisent eux-mêmes, en proie à un désespoir aussi sombre que souvent incompréhensible. Les autres deviennent fous, d'autres encore assassins : Haschischins, conformes du moins à l'étymologie de leur dénomination. On sait en effet que c'est à la fureur destructive développée par l'abus du chanvre indien que faisait appel « le Vieux de la Montagne » pour entraîner ses « assassins » : haschischins.

Le kif, — suivant l'appellation commune, — s'absorbe de trois façons. La plus ordinaire est par l'emploi de la petite pipe. D'après l'expression des Arabes, ils ne *fument* pas : *ils mangent;* car non seulement ils aspirent la fumée, mais ils l'absorbent et ne la rejettent qu'après l'avoir savourée.

La seconde façon est par l'usage de la madjoun. Cette composition, qui offre l'aspect de tout petits pains, se prépare au beurre frais. Du beurre que l'on a pendant plusieurs heures fait bouillir avec les fleurs et les graines du chanvre, et qui s'en est approprié les principes actifs.

Quelques-uns, pour augmenter encore les propriétés de la madjoun, y ajoutent de la girofle, du gingembre, même des cantharides, dont on voit souvent les débris d'élytres pailleter les petits pains.

Le troisième mode d'emploi du haschisch est le *chirac*. Les fleurs et les graines, finement pulvérisées, sont jetées dans une sorte de poêlon en cuivre souvent orné d'artistiques gravures. La poudre, humectée de quelques gouttelettes d'eau, prend un ton roussâtre et forme une pâte que l'on roule entre deux plaques de marbre. Le préparateur fait de ces petits bâtonnets encore mous un nœud qui durcit en refroidissant, et dont les fragments s'insinuent dans les cigarettes de tabac.

Malgré de terribles représailles tentées en Égypte contre les haschischins, dont la passion, dégénérant en fureur homicide, devenait un danger public, malgré la sévérité des lois turques limitant aux pharmaciens la vente de cette plante, malgré encore les droits du fisc, les haschischins n'ont point disparu.

L'usage du chanvre est resté indéracinable en Turquie, en Syrie, en Égypte, dans l'Inde et sur toute la côte orientale de l'Afrique (1).

Le mot kif a pour sens propre, le fait même des effets produits par le haschisch, en ce sens qu'il procure par une absorption modérée un bienfaisant repos; par extension, les Arabes désignent par ce mot la plante elle-même et disent indifféremment : il fait son kif (ou kief) pour : il fait sa sieste.

(1) C'est au Dr Bertherand, d'Alger, que je dois ces notes sur le haschisch; qu'il daigne recevoir ici tous mes remerciements.

LE HAMMAM.

PRÈS de longues veilles ou de fatigantes promenades, le « bain maure » est le réconfortant par excellence.

Les hammams de Tunis, aménagés dans le même genre que ceux d'Alger, ont ceci de particulier, qu'à l'inverse des premiers, la nuit est consacrée aux femmes et le jour l'est aux hommes.

Une après-midi donc, j'y allai goûter les charmes du massage.

L'entrée s'ouvre sous une porte bariolée de toutes les couleurs du prisme, par un long corridor dont des carrelages de faïence enluminée revêtent les murs.

Dans le fond, donnant dans la première salle une tenture masque l'entrée.

Cette salle est grande et aménagée en dortoir. Une haute dokana recouverte de nattes et où s'espacent les matelas, court dans un des côtés.

En entrant, se trouve dans une sorte d'alcôve, le maître de l'établissement.

J'entrai. « Bonjour. — Bonjour, » me répondit l'Arabe. Je lui tendis ma montre et mon flasque porte-monnaie, ainsi que c'est l'usage. C'est la façon la plus simple de préserver ses valeurs, car la probité des caissiers de hammam est proverbiale. Je montai sur la dokana, près d'un matelas étendu dans un coin, non sans avoir au préalable retiré mes chaussures, ainsi que l'exige le code usuel indigène. Un Arabe ne pose jamais son pied chaussé sur la natte ou le tapis.

Déshabillé, j'attendais vêtu de mon *indispensable* à faux col et poignets; anxieux, je regardais, mais, comme sœur Anne, ne voyais rien venir.

Mon attente fut cruelle, mais pas longue. Un homme très laid, un nègre repoussant s'avançait, tenant une longue foutah bigarrée sur fond bleu, dont je me ceignis.

Au bas de la dokana, je chaussai les kobkob que j'y trouvai. Ce sont des sandales élevées sur deux pieds très hauts, et qui préviennent... d'autres disent : facilitent les chutes, sur le sol humide et gras.

Appuyé pour ne pas trébucher, au bras du nègre, je poussai la porte entre-bâillée de l'étuve. Le battant se referma dans un très grand bruit sourd et je me trouvai dans une grande salle, sous la haute coupole de laquelle s'élevait une large dalle exhaussée d'un mètre au-dessus du sol. L'atmosphère pleine de vapeurs dégageait une forte odeur de lessif, de chairs lavées; je me couchai sur la dalle chauffée en dessous, allongé nu ainsi qu'un cadavre sur une table d'amphithéâtre. Dix minutes je restai là, puis une ombre s'en vint près de moi : c'était le masseur. Je le suivis dans une petite pièce contiguë où un falot anémique laissait charbonner sa mèche dans l'air saturé de vapeurs. Il faisait horriblement chaud, une chaleur lourde, étouffée.

Je me couchai sur les dalles du sol, où le nègre versait, sans se lasser, des tassées d'eau bouillante qu'il puisait à côté. Il roula en tampon une pièce d'étoffe, péniblement souleva ma tête, qui se faisait très lourde, et l'y reposa.

Les vapeurs augmentaient, voilant par leur opacité la lueur tremblotante de la veilleuse qui se mourait. Suffoquant, pâmé, j'approchai ma bouche d'une des encoignures de la muraille contre laquelle j'étais couché, saisissant avidement la moindre bribe d'air égaré.

Le masseur, qui m'avait quitté, revint; sa main était armée d'un gantelet en poil de chameau. Il se baissa, remua, retourna cette chose inerte qui était mon cadavre. Il brossa, frotta, se démenant comme un vilain diable, se vengeant de sa peine, le misérable! en m'aspergeant d'une eau brûlante. Puis je sentis ses genoux contre ma poitrine, sur mon estomac, pressant, exerçant tout son système musculaire, très développé, sans avoir l'air de se fatiguer le moins du monde.

Et cela dura très longtemps, puis il posa ses mains sur mon estomac, et je crois bien qu'il se livra, ainsi arc-bouté, à ce tour que les gymnastes appellent un rétablissement, mais qui ne s'accomplit guère en France qu'aux barres parallèles. La pression fut si formidable, que je me vis forcé, bien qu'à contre-cœur, de restituer en un immense éclat de rire tout l'air respirable que mes poumons avaient absorbé. Alors je crus que c'était fini. Erreur manifeste. Je me sentis la poitrine pressée contre le sol et j'entendis : crac! au même instant, le talon d'une jambe, puis un moment après le talon de l'autre me touchèrent les reins. L'homme pressa fortement, et les articulations des hanches firent entendre un craquement sec auquel leur répondirent, dans un accord peu réjouissant, celles des épaules, alors que derrière mon dos, mes coudes s'accolaient. Ne plus, ne moins c'était : le supplice de la crapaudine.

Je sentis mon corps râlant, pantelant, inondé d'une mousse blanche de savon parfumé au jasmin ; mais j'en avais assez, j'appréhendais d'autres manipulations : de mon restant de forces je poussai un « barca!... » qui se changea en hurlement dans la répercussion des voûtes sonores. Heureusement le pire était passé, mon masseur m'arrosa copieusement. Revenu dans la salle de l'étuve, je tombai assis sur la dalle ; la température était moins élevée, je respirais enfin...

L'atroce moricaud empila près de moi un monceau d'étoffes de laine très blanches. Il m'enroula autour de la tête un gigantesque turban, m'enserra trois fois, des pieds au col, de grandes pièces de laine et par-dessus le tout me jeta un grand haïk qui me drapa en entier.

Je fus alors réintroduit dans la première salle : celle du repos.

Mais, par Allah, quel étrange costume ! Quelle frayeur aurais-je si, un soir, au coin d'une rue déserte, je me rencontrais par hasard dans un accoutrement semblable !...

J'étais couché sur un matelas, et, ainsi que dessous, on avait tendu sur moi un grand drap blanc assez semblable à un linceul.

Près de moi, un gentil petit Maure venait de m'apporter un délicieux café, puis, au bout de toutes petites pincettes, un charbon pour ma pipe Puis, se baissant sur moi, par un massage lent, et tout dissemblable du premier, il remit à leur place mes pauvres membres si malmenés par l'autre. Mes forces revenaient peu à peu, j'avais la sensation d'un très grand allégement du corps en même temps que d'une fatigue physique non moins grande, mais ne ressentant plus cet énervement des premières fois, je somnolais en un demi-sommeil très calme.

Lorsque je fus séché, je m'habillai et, reprenant les objets déposés en entrant, je sortis accompagné du grave salut de l'Arabe préposé à la caisse. Un « que Dieu marche avec toi », souligné par une note basse magistrale qu'un des dormeurs laissa échapper en un ronflement convaincu.

LE BEY DE TUNIS AU DAR-EL-BEY DE LA CASBAH.

C'est aujourd'hui samedi, le bey a, comme à l'ordinaire, quitté son palais de la Marsa pour venir apposer son seing sur les papiers administratifs. Onze heure vient de sonner à l'horloge mixte, et les cavaliers rallient leurs montures, qui, attachées aux grilles du square, paissent tout alentour les herbes folles de la place. Un roulement sourd et prolongé retentit à l'intérieur du palais, le conseil est levé, les trompettes sonnent le boute-selle.

Dans le grand vestibule, quarante soldats tunisiens, formant la haie, présentent les armes. Le bey descend l'escalier et, suivi de sa maison, passe entre la troupe et les étrangers qui se sont introduits. La fanfare sonne le « Salut au bey », le drapeau s'incline. Aly-Bey, de la dynastie des Husseïnides, est de taille moyenne, une courte barbe blanche encadre son visage pâle empreint d'une grande bienveillance. Son costume, dans une coupe européenne, est très simple : un pantalon bandé d'or, une tunique et une chechia où sont appliqués les insignes beylicaux dans un trophée de drapeaux.

Le bey de Tunis, ainsi que Charles III de Monaco, a le titre de prince souverain. En avant, au commencement de la rue des Selliers, près la caserne des zouaves, se sont alignés, avec *besef fantasia,* trois cavaliers arabes d'avant-garde. Le mousqueton et le sabre de cavalerie sont accrochés à l'arçon de leur selle. Celle-ci est recouverte de souple cuir rouge et forme en arrière un haut et large dossier, tandis qu'en avant se cintre un avant-corps qui rejette par côté les amples draperies des cavaliers. Le bey monte en voiture, et, ne retenant plus leurs petits et fringants chevaux dont les jambes fines piaffaient d'impatience, les trois spahis indigènes prennent le galop.

Un officier, dont l'or du hausse-col brille entouré des deux étoiles du collet, les suit, précédant un détachement d'une dizaine d'hommes montés. Caracolant sur une mule noire, un des princes arrive, et, immédiatement après, le carrosse du bey. Six mules attelées en grande longueur par deux de front l'enlèvent au galop sous le coup de fouet magistral du cocher, dont l'habit vermiculé de broderies d'argent laisse voir sur les manches cinq galons de commandant. Trois autres spahis ferment l'escorte, commandés par un officier qui, la lame au clair, court à la portière.

Pourtant, malgré cette course précipitée, un homme franchissant la foule, s'est jeté vers le bey, les mains cramponnées au châssis des glaces qui sont baissées. Sa chechia, dans la course rapide, est tombée; la mèche du croyant, longue et touffue, ondule sur son crâne et, rejeté en arrière, son burnous flotte, fendu en deux. Cet Arabe, bravant la peine que peut encourir son action, supplie le bey pour un des siens qui vient d'être condamné.

Aly, tout le buste passé dehors, parle à l'agent indigène qui s'efforce d'arracher le suppliant. Cette course folle des deux hommes, au milieu des chevaux qui, lancés à bride rabattue, menacent de les culbuter, a quelque chose de poignant, et j'ai vu sur le visage du bey passer en ce moment plus d'inquiétude que de colère.

Au milieu de la foule, on ramène l'Arabe; l'officier qui remplit les fonctions d'aide de camp, et qui est venu apporter un ordre à l'agent, regagne au triple galop de sa monture le cortège, qui disparaît dans un nuage de poussière.

Telle est, décrite de façon encore incomplète, la physionomie curieuse du quartier musulman à Tunis. Mais, pour en donner l'exacte idée, faudrait-il pouvoir entrer dans les mystérieux « patios » des habitations mauresques; pénétrer dans les hammams à l'heure du bain des femmes ou dans les mosquées aux heures des prières, interroger les portes closes, les murs muets.

... On rêve parfois que, dans celui de ces habitacles le plus sévèrement défendu à l'étranger, vit quelque très vieux Maure à barbe blanche; un descendant des Maures d'Andalousie. L'esprit plein de traditions oubliées, la mémoire abondamment pourvue de légendes merveilleuses, tirant dans les grands jours, des profondeurs du « sondouk » familial, et montrant à ses petits-enfants la grosse clef de *là-bas*. Là-bas : Grenade, Séville ou Cordoue; la clef de la maison, du palais où vécurent des générations d'aïeux, avant que Bou-Abd'Allah, — Boabdil, comme disent les chrétiens maudits, — ne quittât son Alhambra.

Oui, quelque grand-père en turban, très vieux, très respectable, sachant de très vieilles histoires.

Mais comment fixer le rayon oblique qui se faufile dans les perspectives colorées, fixer aussi le silence discret des rues désertes et le murmure des prières sous les hautes coupoles des mosquées inviolées?...

Comment dépeindre la lumière et la poésie des choses, pour voir se dégager en une parfaite exactitude l'image elle-même des quartiers musulmans à Tunis?...

LES QUARTIERS HYBRIDES DE TUNIS.

LE QUARTIER JUIF.

De la rue Bab-Souika, presque en face la rue El Halfaouine, s'ouvre sous une voûte basse de planches pourries et disjointes, la rue Sidi Mahrez.

A l'entrée, un marchand de cannes à sucre qu'il débite par tronçons d'un caroube.

Tout près, un mercier de Juda aulne des fichus d'importation française ou italienne aux couleurs d'un vulgaire horrible. A côté, un épicier maure ou m'zabite, apparaît au milieu de son étalage, dans une boutique minuscule qui semble dressée pour quelque représentation de Guignol; les produits les plus divers se heurtent, s'emmêlent, se confondent dans ce qu'on peut appeler un magasin assorti!

En face : des antres de drapiers juifs; dedans c'est tout noir, on ne distingue qu'à peine, mais on découvre enfin, dans le coin le plus sombre, une forme qui semble allonger de grands pieds, de grandes mains, comme des pattes d'araignée. Vienne une femme de la campagne à passer devant : la chose du fond remuera, arrivera sur le seuil, et bientôt la femme, attirée par le bon marché insolemment trompeur et les paroles mielleuses, disparaîtra dans la boutique...

Un marchand de kob-kob, travaille dans son échoppe, où se désagrègent de leur plâtras humide de vieux papiers peints à trois sous le rouleau.

Puis des bouchers à l'étal encombré de chair saignante, de têtes de moutons qui dégorgent leur sang contre le mur.

Des hommes aux burnous dont la blancheur traverse toute la gamme de ce ton. Des Juifs drapés de bleu. Des enfants indigènes, le plus souvent d'une ravissante beauté, d'une grâce indescriptible avec leur visage très fin éclairé par de grands yeux pleins d'expression. Des Maures vêtus de dalmatiques brodées et soutachées, coiffés de turbans de toutes couleurs, mais souvent verts. Beaucoup de musulmans, en effet, se disent issus de Fatima, fille de Mohammed, qui, seule de ses frères et sœurs, survécut au Prophète. Pour affirmer la légitimité de leur filiation, l'étoffe de leur turban est de la couleur consacrée à l'envoyé de Dieu.

Disons, en passant, que souvent la disposition spéciale de cette coiffure trahit la secte religieuse à laquelle est affilié celui qui la porte.

Dans la foule qui circule dans cette rue, on peut étudier aussi certains représentants du beau sexe indigène.

Voici une Arabe du Sud, échappée du gourbi qui campe hors l'une des portes de Tunis. Elle a le visage découvert et le regard souriant, ses lèvres découvrant ses quenottes, la fillette s'en va de l'un à l'autre offrir la *bonne aventure*. Une grande étoffe bleue la drape à peu près complètement, et aux lobes de ses oreilles brinqueballent de très larges breloques.

Voilà une Mauresque qui passe, comme un fantôme dans son haïk tout blanc.

Un voile léger, oh, bien léger! lui couvre les traits, ne laissant libres que les yeux.

Derrière elle, marche une duègne à l'air

rébarbatif, le visage dérobé sous le domino noir des femmes du peuple, ou des mouquières de mœurs légères.

Voici une autre femme qui arrive à petits pas, chancelante sur sa base. Je voudrais bien, sans irrévérence, dire leur fait aux Juives de Tunis. J'entends par là les femmes mariées, car, s'il me fallait médire des jeunes filles, ma plume se rebifferait et mon cœur saignerait à grands flots!

Mais les mères! déjà Paul Arène, les regardant de face, a trouvé l'expression juste en disant : « Ces masses gélatineuses encroûtées d'or... » Moi, j'aime, suivant l'expression consacrée, à étudier une question sous toutes ses faces; aussi, après mûr examen de son visage rosé, comme celui des poupées de Nuremberg, et des divers autres agréments qu'elle offrait de ce côté, je me retournai. Le petit bonnet pointu allongeait sa forme conique sous le grand voile blanc qui d'une seule ligne tombait sur ses talons.

La corpulence de la dame était tellement énorme, que je voudrais mettre un H, au moins, devant ce qualificatif pour en augmenter la valeur! Et ses pieds étaient si petits, qu'il me semblait à chaque instant les voir s'affaisser sous le poids du corps.

Cette femme juive, vue de dos, faisait penser à une gigantesque toupie pouvant pivoter sur la pointe minuscule de ses pieds.

C'est un usage reçu en Orient de développer, par un traitement spécial, l'embonpoint des jeunes filles bonnes à marier. La beauté est estimée au kilo.

Personnellement, je préfère la qualité à la quantité; puis, chez nous, on n'engraisse guère que les poulardes et quelques autres *rara avis* (ne lire ni ténor ni soprano!). Et encore n'est-ce pas seulement pour les admirer, nos chapons, idoines du moins, malgré leur nature incomplète, — les pauvres! — à nos jouissances gastronomiques.

Mais voici que vient une grande fillette, une Juive aussi, mais jeune et ravissante. Elle peut avoir quatorze ans; ses petits pieds nus traînent dans des babouches où seulement les orteils sont engagés.

Un petit caleçon collant moule des lignes délicates, et une courte chemisette de mousseline laisse transparaître la légère camisole écarlate qu'elle recouvre.

Ici, les fillettes juives abondent, — très prolifique, ce peuple, — toutes sont vêtues de même façon.

En voilà une autre sur le pas de sa porte, les manches retroussées montrant ses bras nus.

Et ses bras, son front, ses joues, le bout de son petit nez moqueur, tout est maculé de petits points blancs qui lui donnent un air très drôle. Nous sommes en effet aux approches de la pâque, et comme on blanchit les murs de la cour et des appartements au lait de chaux, tout le monde s'emploie dans la maison. D'autres vont à la fontaine, les lèvres rieuses, la plupart fort jolies dans le type bien accusé de la race hébraïque.

Leur teint très pâle s'éclaire de deux yeux très grands, très malicieux sous les cils longs et noirs des paupières. Les cheveux, entortillés dans leur fourreau d'étoffe, laissent tomber dans ce disgracieux « peskir » leur natte en arrière, tandis que se masse d'un côté du front un large et épais bandeau.

Ce costume, avec la petite culotte collante, très coquine, donne à toutes ces gamines juives l'expression hardie et délurée d'un gamin espiègle.

Puis, dans la foule, entre les boutiques pleines de choses disparates, passent des nègres au faciès simiesque, dans leur bourgeron de bure appliqué de galons blancs.

Des collégiens de Sadiki ou d'Alaoui, au cafetan palmé d'or au collet.

De vieux Arabes, des paysans, des soldats du bey dans leur accoutrement baroque quasi européen. Des bonshommes de quatre ans : des petits Maures drapés dans leurs burnous minuscules, sérieux comme de petits papes.

De sympathiques bourriquots, — les légendaires bourriquots d'Afrique, — tatoués d'une étoile sur le nez aux naseaux fendus, balayent toute la rue de leur ânée de branchages d'olivier. De préhistoriques « carrossa » — lamentables carrosses! — conduits par de grossiers Maltais qui éreintent de leur fouet des haridelles étiques sans âge depuis longtemps. Un officier du bey dans sa redingote râpée, placardée du « nicham » qui saille dans les dorures de son habit. Il passe très grave, chevauchant une mule, son parapluie de coton posé en travers de la selle, devant lui...

Tohu-bohu hybride, où l'on voit d'*anciens Européens* oubliés de leur pays, morts et enterrés peut-être chez eux depuis longtemps, qui n'ont conservé dans le sang que cette croyance absurde qui leur fait considérer les musulmans indistinctement comme leurs inférieurs. C'est d'ailleurs une supériorité morale que s'octroient les Européens avec une générosité dont on ne peut les louer.

Je suis de ceux qui reconnaissent au contraire aux Maures ou aux Arabes « de bonnes familles » une délicatesse et une noblesse de caractère très développées, et même aux gens du peuple un sentiment de dignité incontestable.

Mais le soir se fait, et, tout en marchant dans cette longue rue, nous arrivons près du « souk-el-Grana » qui le termine.

A mesure que les boutiques se ferment, d'autres industriels s'établissent en plein milieu de la chaussée. Ce sont des marchands de petits pains ronds, d'autres qui vendent de la marée, enfin et surtout les marchands de viandes grillées.

Ce quartier, vu à cette heure du soir, offre un coup d'œil bizarre. Sur des tables pliantes, des Juifs amoncellent des viandes variées : beaucoup de mouton, mais pas de porc. Au milieu de tout cela ils établissent leur fourneau, et bientôt de tous les grils s'échappent des odeurs fort appétissantes pour un estomac à jeun. Ceux qui se sentent un vide dans la poitrine, et quelques caroubes dans la poche, arrivent avec leur petit pain. Ils choisissent dans le tas le morceau qui leur convient, et il n'y a vraiment pas de la faute du rôtisseur si ce soir-là Lucullus ne dîne pas chez Lucullus.

LA PAQUE JUIVE A TUNIS.

éjA depuis plusieurs jours, une agitation inaccoutumée trahit dans le quartier juif les approches de la pâque.

Dans beaucoup d'intérieurs où de la rue l'œil peut voir le patio, on aperçoit des baquets pleins d'eau ou des brosses emmanchées d'un long coude, chargées de couleur blanche ou bleu pâle. Les femmes, les enfants, dans un débraillé de gens qui travaillent et peinent, lavent à grande eau les dalles de la cour ou des appartements, et badigeonnent les murailles.

Étudiant un de ces jours une des rues du quartier, je vis s'ouvrir, dans un sous-sol qui ressemblait à une cave, un four de boulanger.

Assises tout autour de grandes tables basses, des femmes, tout en riant et causant, manipulaient la pâte, l'aplatissaient et des dix doigts dessinaient des oves, des dentelures. Des hommes aux bras nus enfournaient sans trêve, et des enfants remplissaient de grandes mannes de ces galettes de la pâque.

Un autre jour (le 8 avril), la vigile de *la fête du passage,* je vis venir dame Hafsia, la Juive ma propriétaire.

La douce créature paraissait perplexe et, tout en ramenant en arrière son bandeau de cheveux qui lui tombait sur un œil, elle me regardait, ne sachant comment m'expliquer ce qu'elle voulait. Elle tenait à la main un énorme pinceau, et ses yeux erraient des miens à un grand récipient plein de couleur blanche, puis ensuite aux murs extérieurs de mon appartement.

La consciencieuse femme, m'ayant loué, ne savait comment accomplir la purification prescrite de sa maison, sans risquer de froisser les susceptibilités religieuses que je pouvais avoir. J'étais chez moi, et, n'étant pas Juif, il pouvait me déplaire de voir s'accomplir par le badigeonnage de mes murs une manifestation judaïque.

Cette délicatesse me plut; la force des préjugés ne me caractérisant pas et le blaireau me tentant, ledit mur se recouvrit de fresques qui attestaient tout au moins de ma bonne volonté.

Hafsia jubila, son époux s'extasia, et le fruit de leur hymen m'affirma... que je méritais d'être Juif(?). Oh, ce circoncis!

Le soir venu, je m'égarai sciemment dans les impasses nombreuses du quartier juif.

L'instinct qui anime les voyageurs *voulant tout voir* m'insinuait qu'en cherchant dans ces ruelles retirées où nul étranger ne s'engage à pareille heure, je découvrirais quelque chose d'intéressant, quelque trait de couleur locale. Les hypothèses invraisemblables ou les déductions fantaisistes dont l'esprit se refuse à étudier l'apparence puérile, et qui par cela même constituent l'instinct, sont parfois bonnes à suivre.

Tout à coup je m'arrêtai devant une maison dont la porte suffisamment entre-bâillée laissait voir l'intérieur.

C'était d'abord la cour ordinaire de toute habitation indigène, puis au fond de ce patio, que la nuit remplissait d'ombres, s'ouvrait un appartement.

Une haute lampe en terre vernissée, où trois mèches brûlaient dans leurs godets pleins d'huile, éclairait, autour de la table, un groupe de quatre Israélites. Un vieillard étrange, que dévoraient des yeux et écoutaient, avec tous les signes d'un profond intérêt et d'un grand respect, une femme, une fillette et un homme.

C'était un type remarquable de ces vieux Juifs comme on n'en rencontre pas par les rues, qui apparaissent, ainsi qu'en une évocation du passé, pour conter, dans les veillées des grandes fêtes, des choses d'autrefois. Un de ces très vieux patriarches de l'époque biblique, au masque semblant taillé dans une bille de vieux bois. Un de ces masques décharnés, osseux, où les apophyses des mâchoires semblent vouloir trouer le parchemin des joues caves ; au nez anguleux et busqué, aux yeux enfoncés en des orbites embroussaillées de sourcils épais aux lèvres exsangues. Et, tombant du menton crochu, un bout de poils rares et rudes tortillés en tire-bouchon. Il abaissait, dodelinant son crâne, ses besicles aux armatures énormes, sur un bouquin immémorial, puis relevait sa tête branlante, dont le front disparaissait sous les draperies noires à coiffe rouge de son volumineux turban.

Cet homme rappelait le Juif classique se rendant à la synagogue, lorsque retentissait le carillon du *magraphe temid* convoquant le peuple de Dieu aux cérémonies de son culte.

Grâce à la profonde obscurité du dehors, on distinguait fort bien dans les détails de cet intérieur éclairé en un ton très chaud.

Dans le silence absolu de la nuit, on percevait même certaines intonations plus fortement accentuées.

Je restais là, ne comprenant point les mots dits en hébreu qui arrivaient jusqu'à moi, mais intéressé cependant sans savoir bien exactement pourquoi.

Sans doute le vieil homme lisait quelque légende ancienne. S'aidant des traditions de la *miʒchna,* il commentait peut-être l'histoire d'Harout et de Marout, ces deux anges qui, envoyés par Jéovah pour juger les hommes, se damnèrent pour les beaux yeux de Zohra, la déesse appelée communément Vénus!

Puis vinrent sans doute les libations d'usage et ils durent s'humecter le palais du *kacher* : la sève sacrée des ceps de Djerbah. Aimable petit vin blanc qui, en dehors de la consécration liturgique qui le revêt, mérite, par ses seules vertus, le culte des gens bien pensants.

Dans les rues, passent nombreux des moutons tout blancs, emponponnés de mille couleurs.

De petits enfants aux mines rayonnantes de joie promènent ainsi l'agneau pascal, au bout d'un long ruban.

Les bêlements et les rires joyeux se mêlent aux autres bruits dans les rues et y jettent une note de fête.

Lorsque dans la soirée je revins à la maison, Hafsia m'appela. Elle me montra, ravie, son mouton que j'admirai de confiance, le trouvant à la vérité assez semblable à un autre mouton. Les mêmes yeux bêtes, la même queue plate et lippue de ses congénères de Tunisie.

Le lendemain matin, je m'éveillai aux cris de quelqu'un qu'on écorche. J'aperçus, près du seuil de la porte d'entrée, une masse ensanglantée. C'était le mouton de la veille qu'un boucher arabe venait d'égorger. La tête pendait lamentable, retenue par un lambeau de peau. La gorge tranchée n'offrait plus qu'un moignon sanguinolent et les yeux se couvraient d'une taie bleuâtre; c'était bien vilain à voir...

La Juive et son fils dépouillèrent l'animal et le pendirent contre le mur, le ventre ouvert. Un quart d'heure après, on frappait à la porte. Un homme entra.

Un Juif coiffé d'un turban et drapé dans un burnous souillé de sang.

Il alla vers l'agneau, retroussa la manche de sa *gandoura* et, plongeant le bras, palpa les entrailles; puis, retirant sa main humide, il donna une claque sur le flanc du mouton, comme pour y appliquer son firma.

Le fils d'Hafsia enleva de ses lèvres sa cigarette à demi consumée, puis la tendit

9.

à l'homme, qui, la portant à sa bouche, me salua gracieusement et partit.

Quand la porte se fut refermée : « C'est le rabbin, me dit l'enfant, il est venu constater que l'animal est sain ; la claque qu'il lui a donnée, cela veut dire : « Vous pouvez en manger ».

Je sortis. Dans les rues commerçantes du quartier juif, tous les magasins sans exception étaient fermés. Les rues adjacentes offraient en revanche tous les caractères d'une animation plus joyeuse que de coutume.
Juifs et Juives de tout âge et de toutes conditions se tenaient sur le pas de leur porte ou aux fenêtres, vêtus d'habits neufs. L'éclat et la diversité des couleurs étaient de nature à faire damner le plus enthousiaste des coloristes, à affoler le plus placide taureau de toutes les manades de France et de Navarre ! Le rouge, le vert, le bleu, le jaune auraient par l'intensité de leurs tons réduit à rien les palettes les plus chargées. C'était une orgie de couleurs éclatantes à faire mal aux yeux. Les Juives, jolies à lapérer de baisers fous dans leurs simples

chemisettes blanches et roses, devenaient horribles dans cette débandade hurlante d'arcs-en-ciel en goguette.

Mais certaines matrones surtout dépassaient les limites permises : c'en était indécent. Leur ventripotente personne était, du cou aux chevilles, défendue par de prodigieuses croûtes dorées. Le gorgerin, comprimant la masse énorme de leur gorge phénoménale, était de brocart d'or ou d'argent, et tout : leur ventre, leurs cuissards, leurs jambards, tout était d'étoffe brochée de métal; c'était atroce! Et tout cela riait, chantait, tapageait...

Derrière les fenêtres entièrement grillées, une multitude de fillettes costumées des plus aveuglantes couleurs produisait un tohubohu indescriptible.

On aurait juré voir des volières bondées de perroquets multicolores à qui on aurait fait boire du vin.

J'errais d'impasse en impasse, interpellé par les Juifs ennuyés de se voir distraits par un chrétien dans la flirtation amoureuse de leur bavardage.

Ne répondant rien, je regardais par-ci par-là, ébloui par la crudité des teintes, assourdi par le bruit de ces ruelles si paisibles les autres jours.

* * *

Je revenais par la rue « des Djerbiens », lorsque je me trouvai à l'entrée d'un antre noir où se pressait tout un monde affairé de bambins.

Au fond de cette cave, s'ouvrait un four dont la flambée de branchages d'olivier éclairait de lueurs chaudes l'obscurité des murs.

Un grand nègre, ceint d'une foutah aux bariolages vifs, était armé d'une longue pique en fer et environné d'enfants.

Ils étaient là une douzaine de petits Juifs de cinq à douze ans, apportant qui dans un seau ou dans un panier, la tête et les pieds de l'agneau égorgé chez eux le matin. De temps en temps, le nègre silencieux retirait au bout de son fer une masse noirâtre et fumante qui semblait carbonisée, puis, de son pied nu, il la faisait glisser au

sol. C'était une tête de mouton cuite à point.
« A qui le tour? » Et, sans perdre de temps, le nègre enfilait son pal dans les narines des têtes non encore dépecées, donnait un coup sec, et, s'enfonçant dans la toison et les cartilages, son pieu de fer chaud faisait se dégager une fumée âcre qui odorait la corne brûlée.

Puis, enfournant la tête grimaçante, il la recouvrait d'une brassée de branchages, et retirant le rôti primitif, sous quelques écorchures que de l'ongle il dessinait, se découvrait une chair très blanche.

Et la marmaille d'Israël reprenant son régal pascal, le remettait dans ses seaux, non sans y grignoter un peu par avance.

Tableau curieux, bien oriental et presque attristant. Ces enfants roses et frais, au regard doux, au visage aimable, avaient les doigts teints de sang.

Ils se délectaient, — dans un bon sens pratique, somme toute, — de ce même mouton que hier soir ils faisaient jouer, dont ils ont peut-être rêvé cette nuit, et que ce matin avant l'égorgement ils caressaient encore.

La pitié ne semble pas d'ailleurs être un sentiment inné chez les hommes d'Orient.

Ce matin-là, ma porte était à peine ouverte qu'Hafsia s'annonçait, encadrant sa tête dans l'échancrure de la portière.

Elle n'avait point fait toilette encore; mais si son collant avait un peu plus haut que le genou un entre-bâillement railleur, ses yeux du moins étaient fraîchement maquillés au koheul.

Déjà hier, les autres locataires et moi avions reçu, de la part de notre propriétaire, chacun trois de ces galettes de la pâque dont j'ai déjà parlé.

Mais là ne s'arrêtait point à mon égard ses gracieuses amabilités, et lorsque, après avoir retiré ses babouches, elle entra dans ma chambre, elle tenait à la main un cadeau qu'elle venait m'offrir...

O Jéovah, Dieu d'Israël, quel singulier présent! c'était... un petit lapin blanc *factice*. Un tout petit joujou, de ceux qui font la gloire des *boutiques à treize*... dans les *assemblées*, les *trins* ou les *vogues* de France, et qui font en même temps, dit-on, l'amusement des enfants et la tranquillité des parents (?).

Et même que celui-ci avait un petit bout de fil fer qui lui faisait remuer les oreilles quand on le faisait marcher...

Non mais, soyez donc *du tirage au sort!* ayez donc vingt ans!!... J'étais le plus jeune locataire de la maison et je jouais le rôle du Benjamin biblique; madame Hafsia me consacrait pour cette fois « le fils de sa droite » suivant l'expression hébraïque, et suivant l'usage me donnait des étrennes...

LES TROUBLES JUIFS A TUNIS (1887).

NE après-midi, allant prendre mon café chez Ouçaama, je vis les habitués israélites massés tout au fond sur la grande dokana.

Un jeu de tarots s'écartait devant eux, mais, au lieu de jouer, ils causaient sur un ton animé. Ils s'entretenaient de la mesure prise par le gouvernement du bey, d'accord avec le résident français, et ne semblaient point vouloir accepter cette modification aux usages établis dans leur communion relativement aux enterrements. — « Nous enterrerons nous-mêmes nos morts comme avant, nous ne voulons ni de corbillards, ni payer de droits... »

La place de la Bourse, où j'allai, offrait un curieux tableau. C'était là que, d'après le mot d'ordre donné, un très grand nombre d'Israélites s'étaient rassemblés.

On ne voyait pas un seul Maure, pas un

Arabe ; rien que des burnons bleu ciel, des chechias écarlates et quelques turbans bleu sombre : on préparait la manifestation.

Le soir venu, je me trouvai vers l'extrémité de la rue des Teinturiers, lorsque tout à coup je vis la foule affluer sur les côtés, et précipitamment se garer au ras des maisons.

Un détachement de zouaves arrivait au pas de charge, baïonnette au canon.

Il allait au cimetière juif, où quelques-uns de ces derniers voulaient ensevelir en dépit des ordres publiés dans la journée.

Le lendemain, les Israélites, rassemblés de nouveau, se dirigèrent vers la municipalité, dont ils brisèrent les vitres; une section de zouaves fut commandée pour refouler les émeutiers et barrer la rue. La foule des manifestants marcha vers la résidence.

De facétieux meneurs italiens hurlaient « evviva la bella Italia! » et, passant de l'un à l'autre, raccrochaient par-ci par-là, *au moyen d'une distribution de caroubes,* des vivats bien sentis, pour la patrie de Machiavel et... de M. Crispi.

Un coup de revolver maladroit, qui d'ailleurs ne tua personne, fut l'événement important.

Le jour suivant, les choses se compliquèrent, et lorsque j'arrivai vers le cimetière israélite, le coup d'œil était curieux. Une commission d'officiers du bey et de fonctionnaires, accompagnée d'un cavalier arabe, venait se rendre compte de la situation.

L'enceinte des murs était envahie. Sur la terre nue ou sur les larges dalles funéraires de marbre, gravées d'épitaphes, et qui, au ras du sol, scellent les tombes, la foule des Juifs se pressait comme pour défendre ce champ sacré où reposent ses morts. Mais *le spahi* du bey chargea; les dalles résonnèrent sous les sabots de son cheval, et ce fut par les portes ou par-dessus les murs, peu élevés, une débandade générale.

Des agents de police tunisiens en costume ou les agents français portant, sans uniforme, le revolver d'ordonnance passé en bandoulière, se tenaient dans les rues voisines, une matraque à la main. La foule ameutée se répandit dans les rues boueuses des alentours et la police la refoula dans son quartier. Il y eut naturellement des faits regrettables.

Chez ces policiers recrutés, pour un bon nombre, au petit bonheur, il n'eût pas fallu gratter très avant pour trouver l'argousin.

Les Juifs en fuite qui perdaient leur chechia ou leur ceinture, ne les rattrapaient qu'au risque de coups de bâton, dont les agents auraient pu être plus avares.

Je me flatte d'avoir évité à un vieil Israélite un coup d'une de ces matraques sur les mollets, parce qu'ils n'avaient pas l'élasticité qu'il était le premier fort probablement à leur souhaiter.

J'allai le soir à une des synagogues du quartier. J'arrivai devant une sorte de sous-sol, où par quelques marches on descendait de la rue.

Il pouvait être neuf heure. Au dehors, la nuit était sombre, et l'intérieur de ce temple juif offrait, par l'abondance de ses lumières, un étrange contraste. J'entrai là sous le charme particulier dont je ne puis me défendre chaque fois que je pénètre en un de ces lieux consacrés où l'homme, s'élevant du terre à terre plat et banal, prie une puissance incompréhensible, imaginaire sans doute, mais consolante après tout.

Dans ce temple juif tout inondé de lumières, principalement dans la partie sainte du sanctuaire, se pressait une foule de gens aux burnous bleus.

A une colonne ou à un pan de mur avait été collé un avis manuscrit. Un Juif m'expliqua que c'était la dépêche arrivée du consistoire de Paris, enjoignant aux Israélites de Tunis de se rendre aux désirs du gouvernement.

Bientôt je fus entouré, on me dit que la cérémonie célébrée en ce moment était un office expiatoire pour protester contre la violation du cimetière.

On ajouta même que c'était très mal, et, tout en étudiant le facies de mes interlocuteurs, j'essayais de leur prouver que, *n'étant pas le gouvernement,* je ne pouvais, etc...

Le lendemain, se conformant aux ordres reçus du consistoire général de France, quelques Israélites réouvrirent leurs magasins.

Peu à peu le feu des divergences de race s'assoupit sous la cendre.

On sait que dans ces heureux pays où trois races sont mêlées mais non confondues, le moindre souffle ranime vite le feu qui semble éteint.

**

La rue des Maltais, qui commence dans le quartier européen, offre une étude intéressante. C'est une des rues les plus animées de Tunis.

Il est trois heure d'après-midi, la chaleur est grande encore, mais déjà le peuple tunisien quitte les cafés maures pour vaquer à ses occupations interrompues par une douce sieste.

Les fenêtres de grandes maisons inachevées, bâties à la française, c'est-à-dire dans « un style caserne », s'ouvrent pour laisser les locataires jouir d'un coup d'œil du dehors: Ce sont des Juifs.

De ces familles israélites qui n'habitent plus dans leur quartier respectif, qui s'émancipent en quelque sorte et qui représentent ce que j'ai entendu nommer : l'élément juif, *nouvelle couche*. Les *complets nouveauté dernière création* sont arborés fièrement par ces fils dégénérés de Juda. La culotte étriquée, le veston pincé qui se colle à leur râble, leur donnent l'expression simiesque de ouistitis sautillants.

Il y a loin, bien loin de là à l'ampleur magistrale du burnous bleu. Le type hébraïque s'accommode mal des bottines vernies et du chapeau melon; il exige, pour être intéressant, le coquet costume oriental.

Ces Juifs entrent dans la voie du progrès! Au lieu de l'habitation ancienne, petite, sans grande apparence, il est vrai, mais pleine de caractère et où chacun, dans son petit *home* ensoleillé, peut vivre heureux dans sa famille, ils préfèrent s'installer ainsi *en ménages* dans un grand bâtiment anonyme, avec... des voisins de palier.

A droite, en remontant la rue, s'ouvre un petit marché arabe.

C'est le rendez-vous des fripiers, des marchands de meubles vieux et boiteux, de nattes usées.

De chaque côté de la rue se tiennent de

petits ouvriers, italiens, juifs. Des marchands napolitains qui vendent de la vaisselle; des Arabes dont la spécialité est la grosse et lourde poterie indigène.

Des alcarazas en terre poreuse, enluminés de dessins hiératiques, noirs sur fond gris. De hautes et pesantes lampes en terre, avec trois ou quatre godets à huile, fort loin d'être aussi curieuses que les céramiques primitives des Kabyles, dans leurs linéaments noirs sur fond rouge-brique.

Bar'rah! Bar'rah!... Voici venir quelques bourriquots qui trottent menu menu. C'est une caravane; déjà se montrent au détour d'une rue cinq, dix, vingt dromadaires.

Ils marchent onctueux, posant négligemment leurs larges sabots dans la poussière du sol. Parfois, s'arrêtant, ils regardent, de leur œil rempli de morgue et d'insolence, les gens qui passent. Et souvent retombe sur leurs genoux calleux la matraque du conducteur, qui court de l'un à l'autre en poussant son cri : Arrah! arrah'! dans une intonation sauvage.

Mais nos beaux fils imprègnent malicieusement à leur bosse, — et sous couleur de remonter leur faix, — un mouvement ironique de bas en haut. Ils vont si loin, tout là-bas, plus au sud, qu'un jour ou l'autre ils arriveront bien... inch'Allah. Mais le bon plaisir d'Allah se subordonne, pour eux, à celui de l'Arabe qui les conduit, et les coups de matraque volent d'échines en jarrets. Balek! balek! garez-vous!

Plus loin s'ouvrent, dans cette même rue des Maltais, de curieux intérieurs où habitent entre autres, des Italiens de la Pouille ou des montagnes de Sicile. Ce sont de grands hangars qu'une sorte de plancher élevé à la hauteur de quelques mètres partage en un étage et rez-de-chaussée donnant sur la rue. En bas, c'est l'étable : il y a des vaches, des chèvres, des ânes. Au premier, habitent les gens; on aperçoit du dehors une balustrade en planches sur laquelle retombent des voiles dérobant l'intérieur; là couchent pêle-mêle : hommes, femmes et enfants. Dans l'entre-bâillement des voiles on peut entrevoir des enluminures de saintes images : la Madone, entre autres, devant laquelle brûlent souvent des veilleuses. Pas d'autre air que celui qui entre par la porte, aussi peut-on s'imaginer facilement les miasmes qui se dégagent de la litière des animaux... ou des accessoires de la famille.

Quant aux conséquences fatales de semblable promiscuité, je les passe...

Je m'arrête un instant pour crayonner un type de la rue qui passe dans les attributs de sa profession. C'est un arroseur public. Est-il Arabe, Biskri, M'Zabite? ce serait difficile à dire, car les nippes qui tant bien que mal le revêtent sont sans aucun caractère particulier.

De larges courroies retiennent une outre dont les poils retournés en dedans renferment une provision d'eau. De la ceinture tombe à mi-jambes une sorte de tablier cintré formant gouttière; l'eau qui s'échappe s'épand à terre.

De la main gauche, l'homme promène une cannelle en roseau par laquelle s'échappe un filet d'eau qui trace dans la poussière ses maigres zigzags.

Je croquais ce sujet, tout en guignant de l'œil un marchand juif qui me regardait d'un air fort inquiet. Il suivait de loin le tracé de mon crayon sur le papier; sans doute cela ne lui plaisait qu'à demi, car bientôt il s'approcha de moi.

« Dis, quis qui c'est? toi écris sur moi? toi di la poulice pit'être? — Eh non, parbleu, je n'en suis pas de la police; tiens, regarde. » Je lui montrai mon croquis. Alors sa tête prit une nouvelle expression d'anxiété. « Toi macach' dissiner moi, non, non ça pas bon! » Les Orientaux, en effet, montrent presque toujours une répugnance invincible pour la reproduction d'eux-mêmes; souvent de croquer leur visage à leur insu les fait entrer en une violente fureur sitôt qu'ils s'en aperçoivent. J'en parle sciemment. Cela tient à une prescription du Coran, qui défend, quoique d'une façon peu précise, de représenter ce qui est, et d'autre part à une interprétation trop judaïque du décalogue. La superstition brochant sur cette prohibition contestable, non seulement les musulmans, mais aussi les Juifs sont convaincus qu'en reproduisant les traits de leur visage, on acquiert sur eux un ascendant occulte.

On trouve encore en France dans certains villages, des vieilles gens ayant la même prévention basée sur la même croyance.

Mais dans cet incident le détail à noter, c'est cette appréhension de la police dans l'esprit des indigènes. Cette immixtion possible d'étrangers fouillant dans leur vie privée doit leur produire la sensation de l'épée de Damoclès.

Ces gens, vivant dans cette crainte, doivent être très malheureux.

Et, somme toute, on aurait beau jeu d'établir ici un parallèle entre la liberté si relative dont, nous Français, nous jouissons, comparée à la liberté beaucoup plus absolue des hommes d'Orient, qui du moins chez eux... *sont chez eux*.

MUSIQUE ET DANSES ARABES.

Un soir, mon ami et moi allâmes à un concert tunisien donné par des artistes juifs. Accroupis sur une haute estrade, il y avait là : un Juif d'une quarantaine d'années, portant un gigantesque turban. A côté de lui, sa femme fort jolie, ma foi! — faisait évoluer dans ses doigts enfilés de grosses bagues, le *tharr,* ce tambour de basque aux sons d'un bronze aminci. Près d'elle, deux jeunes filles formaient avec un danseur le corps de ballet, et espaçaient leurs danses d'accompagnements sur la derbouka.

Dans un coin et tout ratatiné sur lui-même, un petit mulâtre avec sa figure malicieuse, ses cheveux crépus et ses petits yeux mobiles et brillants, tout en raclant un minuscule violon, engageait vers nous une mimique très expressive. Son maître avait conduit Rocco *dans le monde* ce soir-là, et dans la vague intuition peut-être d'un atavisme possible entre l'intéressant singe et lui, le même faisait à l'animal des singeries que l'autre semblait comprendre. Aussi grinçait en dépit du bon sens la chanterelle miaularde du violon. Je ne dois pas omettre parmi les exécutants, le grand jeune homme blême qui touchait l'harmonium. Antony de 1830, séminariste dévoyé qui semblait plutôt né pour remplir les burettes et servir les offices que pour courir, embauché parmi des Juifs et des femmes. — *horresco referens!* — les guinguettes exotiques.

Nous étions au samedi, et ces Juifs avaient sorti de leurs sondouks les habits magnifiques du sabbat.

Des draperies multicolores, chechias pourpres et bandeaux de sequins, diadèmes des femmes d'Orient. Des brocarts d'une richesse sobre et des ceintures formées d'un assemblage de plaques d'or ou peut-être mieux de chrysocale.

Sur l'estrade, le spectacle offert par ces gens assis à l'orientale sur des tapis était ravissant.

Ici se présenterait, pour qui voudrait ergoter, une foule d'arguments pour ou contre la mélodie indigène.

Il y avait de mon temps, à Alger, certain vieux bohème qui, avant de vivre ainsi en dehors de la société des gens sérieux, avait eu son nom inscrit dans la magistrature algérienne. Il s'appelait, lorsque mon ami G. Bonnet me le fit connaître « le père Léger ». Qu'on n'en infère pas que mondit ami fût lui-même un bohème... et qu'on me laisse donner les quelques réflexions d'un homme qui avait mûrement étudié la musique arabe et en avait compris le génie.

« L'harmonie est inconnue à la musique arabe, mais celle-ci a évidemment travaillé le rythme et la mélodie avec la dernière recherche. Elle semble n'être, au premier abord, qu'un assourdissant charivari, mais peu à peu vous prenez pour elle ce qui fait tout en musique : l'habitude d'entendre, et vous finissez par l'aimer. Cette mélodie a quelque chose d'étrange, de monotone et de mélancolique, parce qu'elle n'est formée que par quelques notes ramenées constamment et parfois avec opiniâtreté. Elle est vive et variée, jusqu'à dépasser la compréhension. Et cela, grâce à ses tenues prolongées, ses soupirs, ses attaques, ses finales étranges et enfin le dessin interminable brodé par l'accompagnement rythmique de la derbouka. Chez nous, souvent la musique s'est inspirée de la nature, mais dans la musique arabe rien de semblable. Comment admettre qu'une imitation facile n'eût pas tenté le musicien musulman? Mais on le sait, le Coran défend la reproduction de l'œuvre du Créateur. Ici encore, plus peut-être qu'on ne le croirait, on a obéi à la pensée de l'Islam. »

Mais combien suggestifs sont le *ben-daïr* ou la *derbouka :* tambour aux sons sourds, ou vase de terre aux notes cuivrées! et combien est capiteuse l'étrange harmonie des fêtes sanglantes des aïssaouas : la barbare mélodie arabe *étudiée dans son milieu !*

Dans le concert juif où nous sommes, il ne s'agit seulement de la musique; la partie du programme la plus intéressante comprend les danses.

Avez-vous vu danser au Sacro-Monte, ou à l'Albaycin de Grenade, ou encore à Triana de Seville les voluptueuses gitanas?

Si oui, vous avez sur la chorégraphie orientale des notions assez exactes.

Si non, voyez...

Une des jeunes Juives descendit de l'estrade et s'en vint faire vis-à-vis à un jeune Israélite.

Comment nomme-t-on cette danse ? je l'ignore... elle tient du *tango* et du *fandango* andalous par son jeu rapide, et de *l'abeille* d'Égypte par sa lasciveté. Oui, j'ai vu chez le « capitan » des gitanos à l'Albaycin pareille fureur amoureuse; plus développée encore, car il n'y avait là que les jeunes danseuses, et j'étais le seul spectateur; mais, à peu de choses près, les figures étaient les mêmes.

Des chants accompagnaient les instruments et un entraînement semblable, développé par la guitare, les castagnettes et la râpe grinçante activant les mouvements, amenait identique la même fièvre érotique. Un tourbillon vertigineux où l'on ne voyait plus que des têtes échevelées, en feu, se renversant en une pâmoison d'amour. Sabbat de sorcières à la messe noire, où dans les chants vibrants qui étreignent l'âme, dans cette exultance de la passion, dans ces notes précipitées qui s'échappent en folie, on se sent soi-même entraîné.

Du souterrain aux profondeurs incertaines où végètent les gitanos, de ce tourbillon de jupes envolées, se dégageait la sensation d'un chahut infernal remplissant de ses clameurs une crypte sainte livrée à de démoniaques orgies...

Qui ne connaît la danse arabe dont la tradition se retrouve dans toute l'Andalousie?

Ce déhanchement saccadé, ce mouvement d'avant en arrière cependant que le buste reste immobile. La cause de cette rougeur qui monte aux pommettes et fait les yeux humides, cette danse enfin où l'amour dans sa manifestation extérieure atteint les dernières limites du geste et des yeux.

LES ENVIRONS DE TUNIS.

LE VILLAGE ARABE DE SIDI-BOU-SAID.
CARTHAGE.

6 mars 1887.

Llons-nous à Carthage aujourd'hui? » me dit mon voisin en venant ce matin carillonner à ma porte.

— Allons! » — Le temps avait cette limpidité particulière aux belles journées d'Afrique. Confortablement installés dans le train minuscule qui relie Tunis à la Goulette, en passant à la Marsa et à la Malga, nous glissions heureux...

Nous sommes trois; installés sur la haute terrasse du grand café maure de Sidi-bou-Saïd, nous dominons le paysage.

Un jeune Parisien : M. Léon Tiph... dont nous avons eu la bonne fortune de faire la connaissance, déverse dans mon gilet le trop-plein de ses enthousiasmes sur l'Afrique... Mon ami pille la boîte au sucre du caouadj', soi-disant pour en régaler son singe; moi, je me pâme devant le paysage qui s'étend d'en bas à l'horizon lointain.

... Il faudrait pouvoir, en un prodige d'instantanéité, fixer ces mille riens fugitifs qui composent l'insaisissable effet d'un paysage d'Orient.

Le soleil éclate dans l'immensité du ciel d'un azur limpide. La gouache la plus pure se masse au premier plan; les jaunes, les bleus, les verts, puis les bistres vaporeux des lointains, et la mer d'azur un peu sombre où rutile une myriade de points argentés.

Il est midi; le soleil verse dans une chaleur intense l'éclat d'un or jaune, qui serait lumière, sur le cap de Carthage, sur la mer.

Carthage!... Carthage!... l'herbe, — une herbe épaisse, — végète là où elle fut... Au pied des montagnes de l'horizon où se découpent les pics jumeaux du Djebel-bou-Korneïn, s'étend la surface du lac Bahira, au ciel sillonné le soir de vols de flamants roses.

L'ensemble paraît noyé dans une transparence lumineuse imaginable, dans une admirable harmonie de tons.

Le bleu profond de la mer et du lac s'harmonise avec l'azur immaculé du ciel par les teintes neutres des montagnes.

L'herbe de la plaine confond son vert frais avec le vert plus tendre des raquettes épineuses des figuiers de Barbarie. Un dattier finement cambré, dont les palmes s'élancent droites, ou retombent gracieuses dans leur chevelure éplorée, apporte à ce ton l'harmonie de ses teintes qui traversent, depuis son bouquet d'ors brûlés, toute la gamme des verts et des jaunes d'or.

Sidi-bou-Saïd s'oriente au levant dans la direction de la Mecque. Ses maisons hautes de quelques pieds et plates, masses carrées et toutes blanches, c'est un rêve! Pas une ligne, pas un trait brusque; les arêtes des angles de ces murs, rongées par les couches de lait de chaux, se croisent, s'enchevêtrent, se confondent en des ombres douces, indécises.

Pas d'autre issue s'ouvrant au dehors, qu'une porte basse furtivement ménagée dans un coin, rien ne transpire de ce qui se passe en ces intérieurs de *croyants*. Le blanc et l'azur s'allient en une note ravissante.

Une Mauresque passe, voilée dans ses draperies blanches, silencieuse comme un fantôme errant dans un suaire au milieu de tombeaux. Un Arabe la coudoie en ce moment, un pan de son burnous a frôlé le haïk de la femme, l'homme ne lui jette pas un regard... Ils passent, disparaissent; on n'entend plus qu'à peine le bruit mourant des babouches qui s'éloignent...

En redescendant de Sidi-bou-Saïd, nous prîmes à travers la plaine où fut Carthage, et nous arrivâmes aux citernes.

Un nègre se présenta, qui tenait une mosaïque découverte par lui les jours précédents, et qu'il me laissa pour quelques caroubes.

Nous errons sous les voûtes de ces citernes, seules ruines encore debout de la fameuse ville de Didon.

Dans les bas-fonds croupit une eau stagnante; les allées se croisent nombreuses, dans des perspectives de baies cintrées s'ouvrant de-ci de-là. Tout cela d'une solidité de construction vraiment merveilleuse. Nous sortons, et arrivons à un trou peu profond fraîchement creusé; j'aperçois, au fond, des blocs brisés de mosaïques. De la pique de mon makhilla basque, — mon bâton de route, — je fouille un peu le sol et découvre un pan de mur encore peint de fresques. On ne peut voir qu'une minime partie de l'encadrement, le reste est engagé en terre. Le dessin que nous entrevoyons est souligné de lignes un peu creusées, comme pour augmenter la valeur du trait.

Depuis, je suis retourné à Carthage; j'y ai toujours trouvé soit un curieux fragment de mosaïques de marbre, ou de vieilles monnaies, ou encore des débris de ces verres irisés d'urnes cinéraires que j'avais étudiées déjà aux musées de Pompéi et de Naples. *Ceci soit dit pour ceux qui pensent que la plaine de Carthage a été épuisée par les fouilles nombreuses qu'on y a pratiquées.*

Tout en haut de l'Acropole, aujourd'hui la colline Saint-Louis, s'élève la mesquine et vilaine petite chapelle consacrée à ce saint sous le vocable de Saint-Louis de Carthage. Derrière, au fond d'un jardin encombré de vieilles sculptures, s'ouvre le riche musée organisé par Mᵍʳ Lavigerie, secondé si intelligemment par le P. Delattre.

La collection des lampes chrétiennes et païennes est riche et fort intéressante. On voit encore, gravés ou sculptés sur des peignes, des bagues ou d'autres menus ustensiles, des signes représentatifs de Jésus figurés en caractères hiératiques. Les premiers chrétiens avaient, entre autres signes symboliques, adopté le poisson comme emblème du Messie. Un détail curieux, c'est que ce signe passa dans les traditions musulmanes, et rien n'est commun comme de voir encore un poisson, coulé en cuivre, plaquer la ceinture des Tunisiens du peuple. Peut-être sera-t-on moins surpris de cette confusion de croyances quand on saura que saint Louis lui-même est honoré par nombre de musulmans, qui font brûler des cierges devant celui qu'ils considèrent comme un saint et puissant marabout.

D'après la légende, saint Louis se serait fait musulman...

Ce musée, riche encore en inscriptions, mosaïques et monnaies, est attenant au séminaire, d'où partent, après leur noviciat et trois années d'études théologiques et de langue arabe, les missionnaires d'Afrique, Autrement dit : « les pères blancs », coiffés de la chechia ou du large chapeau, et vêtus du burnous blanc des Arabes.

AU PALAIS DU BARDO.

APRÈS avoir franchi une des portes de la ville, nous prîmes en rase campagne la route du Bardo, qui se rencontre dans l'ouest, à trois kilomètres de Tunis.

Nous passons près du fort des Andalous, petit ouvrage bas et massif du centre duquel s'élève un palmier dont on n'aperçoit que le bouquet.

Nous traversons l'aqueduc aux arceaux irrégulièrement disposés, puis nous distinguons un ensemble de constructions qui parait être un village. C'est le palais du Bardo, dont Kassar-Saïd (palais fortuné) et les habitations voisines sont les dépendances.

Après être passé sous une porte que défend une tour qui porte dans son pavillon des horloges latines et une arabe, on a devant soi une longue rue sinueuse bordée de petites boutiques dont les corniches en bois possèdent encore des traces d'enluminures.

A droite se trouve la caserne de l'infanterie beylicale, et à gauche s'ouvre le palais de la veuve de Si Sadok, l'ancien bey, servie, dit-on, par deux cents femmes et quelques eunuques.

Mais était-ce vraiment un eunuque, ce grand diable d'homme noir qui, m'arrêtant sur le seuil, m'empêcha de pousser plus loin mon indiscrète curiosité?

N'était-ce pas tout simplement un homme... comme vous et moi, ce nègre gigantesque que je regardais curieusement en me pensant : « Qui sait si c'en est un?... » Mon ami a sur ce sujet des idées très arrêtées. Chaque fois que par les rues ou ailleurs, nous rencontrons un nègre imberbe somptueusement vêtu et au verbe efféminé, il me pousse du coude en murmurant : « Soprano!... » Mais si je lui réponds : « Ah, oui, chapelle Sixtine! », je dois avouer que je n'en suis guère plus convaincu, car, en effet, du diable si on peut savoir!...

Un passage voûté, long et sombre, s'ouvrant sous l'appartement, — de 150 mètres de long, — qu'habitait le grec Kasnadar, l'ancien ministre, conduit à l'intérieur du palais.

Puis, la mosquée privée du bey actuel. Le sol est recouvert de nattes, de tapis; elle possède des drapeaux, et son *mimber* : la chaire de l'iman, en bois de noyer.

Le dernier jour du rhamadan, Aly Bey vient y clore le mois de prières, en grand apparat. L'Altesse, les flancs ceints d'une écharpe de soie multicolore, égorge elle-même, avec un couteau d'argent, l'animal sur les marches de la mosquée.

Alors une salve d'artillerie annonce aux Tunisiens qu'à leur tour ils peuvent sacrifier. Près la porte Verte, dans une cour, se trouve, au fond d'un petit cabinet, la boîte aux suppliques que le bey en personne allait ouvrir.

L'escalier des Lions, sur le dos desquels tant de voyageurs ont épanché leur admiration facile, accède à un péristyle qui est en revanche fort gracieux. Sa porte se dessine dans une dentelle ajourée en stuc, formant une ravissante cloison d'arabesques.

A droite s'ouvre, pour la cérémonie qui se prépare, la porte d'un des salons d'audience.

Presque chaque jour a lieu, pour la plus grande gloire du défunt bey, un concert instrumental (?). « La salle de justice » est ouverte à deux battants. Dans le fond, et dans une demi-obscurité, brille dans ses dorures un fauteuil vide exhaussé au dessus du parquet : un trône de Si Sadok. A droite du trône se tient un tout petit fantassin beylical, lame au clair, arme au pied, immobile, comme figé là.

Appuyé très nonchalamment contre un des battants de la porte, se tient un officier du palais. Il est affublé d'une tunique à courte jupe, écarlate et fripée, tout agrémentée de pompons. Il déclame, d'un ton profondément ennuyé, un monologue qui, pour des oreilles exercées, explique sa présence.

Trois musiciens indigènes se placent devant la porte. Le premier possède en sautoir un énorme instrument qui tient de notre grosse caisse. Le cylindre est drapé d'indienne rouge et tendu d'une peau à chaque extrémité.

L'exécutant tient d'une main un batail, et de l'autre un scion; sa partie comprend des zim'zim'! et des boum'boum'! qu'il varie d'ailleurs avec un certain art.

Près de lui, un très vieux bonhomme, qui n'a pas même pris le temps de s'accroupir à l'orientale, est assis sur ses talons à la façon des mineurs. Devant lui, trop loin, deux petites timbales ovoïdes, deux *regg*. Du bout arrondi de ses deux bâtons, le petit vieillard tapote de droite à gauche, levant sur l'une des sons graves, et sur l'autre des sons aigus. Détail particulier : devant ces petits chaudrons, est symétriquement allongé un gigantesque parapluie de famille, le plus prolétaire des pépins de coton ! meuble ridicule jurant étrangement avec le coup d'œil de l'ensemble. Enfin, un grand diable d'homme aveugle qui se tient debout, s'escrime comme un... dans une musette charivarique.

A peine le concert terminé, le petit soldat du fond rengaine sa baïonnette et tire le rideau qui protège le trône. L'ombre de Si Sadok, qui assistait au concert, selon la probabilité officiellement admise, retourne dans les bosquets paradisiaques où l'attendent les houris toujours jeunes.

Vite, l'officier qui présidait s'en va revêtir une tenue moins somptueuse, et mon ami, qui croquait au vol les notes de l'orchestre, referme son album.

La description détaillée du palais du Bardo dépasserait les bornes d'un simple journal écrit au jour le jour comme celui-ci.

Le tout se compose de salles fort spacieuses, plus curieuses que belles, plus originales que somptueuses. Certains plafonds, formés de moulures encadrant des bris de miroirs, méritent par ce genre de décoration arabe d'être mentionné.

Dans un des grands salons, transformé en galerie des souverains, sont les portraits de rois ou d'empereurs envoyés aux beys de Tunis, de tous les États d'Europe. Certaines autres pièces, formant une perspective de tout petits appartements, revêtent par cette exiguïté, et par la grande abondance des tentures ou portières qui les étoffent, un certain petit cachet d'intimité d'un gentil effet.

C'est dans l'un de ces petits appartements que se trouve, ouvrant sur le dehors, le sinistre pavillon vitré. C'est de ce *mirador* que le bey assiste aux exécutions capitales. On pend en face, entre la fontaine et le palmier.

Sur l'esplanade du palais, en suivant à droite les contrescarpes, on aperçoit les antres grillés où l'on détenait les fauves transportés depuis à la Marsa, résidence privée d'Aly Bey, aujourd'hui régnant.

Le Kassar-Saïd, habité jadis par Sadok et son *mignon* Imaïl, va être converti en musée.

Les curiosités archéologiques abondent en Tunisie, et, ne serait la difficulté de transport dans ce pays dépourvu de routes, il faudrait peu de temps pour organiser de précieuses collections.

C'est à M. de La Blanchère, délégué de l'Instruction publique et des Beaux-Arts, qu'a été dévolu le soin de recueillir les matériaux dispersés de l'histoire de la Tunisie.

LA MOHAM'MEDIA ET LE LAC SELDJOUMI.

Nous avions quitté Tunis ce matin, vers huit heure, il en était onze, et, soit dans le sable qui dessine le lac, ou dans la grande plaine embroussaillée, grâce au soleil torride, la marche était assoiffante et pleine de fatigues.

Nous nous traînions tristement, parlant des femmes et de Dieu, nous disant même des choses désagréables, afin d'essayer par le feu de notre conversation d'assouplir nos glandes salivaires que nous sentions se dessécher.

Pour un peu, devant les tortues que nous levions de temps à autre, nous eussions regretté de ne point être fils de John Bull et de noble Albion, car alors l'expectative savoureuse d'une *turtle soup* nous eût fait sans doute venir l'eau à la bouche, et nous eussions ainsi été sauvés!

On sait que la soupe à la tortue est *le plat*

national anglais au même titre que la bouillabaisse pour les Marseillais; et que le premier, comme plat national, distance de plusieurs longueurs la considération qui peut s'attacher chez nous... aux grenouilles!

Enfin nous apercevons, dans la direction du lac, un délicieux sujet d'aquarelle; laissez-moi l'esquisser.

Le ciel est d'un bleu anémié; quelques cirrus d'une opaline fondue errent à l'ouest, ainsi que des flocons duveteux perdus dans l'espace.

Le lac réfléchit l'azur à la façon d'une large nappe d'acier bleuissant, découpée d'une manière incertaine dans le vert poussiéreux de la lande. Dans le lointain arrive, au galop d'un petit cheval arabe aux jarrets nerveux, un cavalier indigène, dont le burnous bleu flotte comme un lambeau détaché du ciel. C'est un janissaire de la Résidence, qui, ainsi lancé à franc étrier, porte sans doute un ordre du gouvernement dans un village voisin.

Il coupe au plus court en jetant son cheval dans un gué du lac. Le soleil lève une paillette brillante sur le fourreau de son sabre et pique une lueur écarlate sur le cuir rouge de sa djbirak : large sacoche qui a un faux air de sabretache.

Voici la Moham'media,... des ruines, et rien que des ruines ! ce sont celles d'un ancien palais : celui de Moham'med.

Il est de tradition, chez les souverains de Tunis, qu'un prince montant sur le trône n'habite le palais du bey précédent. On enlève tout ce qui en peut être enlevé, pour augmenter les richesses de la nouvelle demeure; le temps et les herbes folles héritent du reste.

Dans cette solitude triste comme toutes les choses qui ont vécu, nous découvrons enfin un café maure, dont la porte est close; à grands heurts, nous parvenons pourtant à réveiller le caouadj', qui ouvre en rechignant.

Être tiré d'une sieste si douce par cette température, ou interrompre la voluptueuse pipe de kif, est toujours chose très pénible pour un Arabe.

Les clients, pour un vrai marchand musulman, n'entrent dans sa considération que comme un accident parfois désagréable.

Une morne tristesse, un désespérant alanguissement règne dans ce petit village mort. Et ses rares habitants ne font guère plus de bruit que la vache ou la brebis qui paissent l'herbe maigre dans ce qui fut autrefois un salon d'audience ou quelque salle de repos de harem...

*
* *

En rentrant à Tunis, nous croisons un groupe de voyageurs. Une femme voilée chemine au pas peu pressé d'un bourriquot. Derrière, armé d'une houssine, marche un Arabe, — le mari sans doute, — cinglant de sa badine, l'animal qui n'en a cure.

Ce détail, de l'Arabe marchant à pied, nous surprit, car il n'est pas d'usage que l'obéissante et passive épouse soit aussi confortablement traitée.

On nous en donna l'explication. Cette femme, dans une grossesse laborieuse, se rendait au marabout de Sidi Fethalla. Dans la koubba de ce saint personnage, s'élève une grande pierre, sur un plan incliné. Débarrassée de ses vêtements, la créature se laisse glisser, nue, du haut en bas de cette dalle. Et parfois, la commotion... je veux dire la vertu spéciale émanée du vénéré marabout, a pour effet de donner à l'Islam un défenseur tout d'abord *récalcitrant*.

Ne raillons pas, je sais des pays en France où on ferait, en pareil cas, une neuvaine à la Vierge; le procédé musulman est certainement plus héroïque, et probablement plus efficace...

DE TUNIS A KAIROUAN'.

Mais rien en ce monde n'est éternel. Celui surtout qui voyage devrait l'avoir appris. Mais, bah! sitôt arrivé dans une ville qui séduit par son charme, on se crée des habitudes, du jour au lendemain on devient citadin.

Un jour arrive pourtant où certaine particularité revue pour la quatrième fois n'éveille plus autant votre curiosité; on participe à l'indifférence générale devant des choses curieuses qui, déjà vues, n'affectent plus l'intérêt des gens habitués à vivre dans leur milieu. Voilà pourquoi on peut *mieux* voyager en restant peu de temps dans le même pays.

Quand on sent naître en soi cette insouciance de l'*à quoi bon?*..., c'est qu'alors il faut partir.

C'était le matin même de mon départ pour Kairouan'. Ma chambre, dénudée par l'emballage de mes bibelots, redevenait l'*appartement anonyme de celui qui passe;* la *chambre meublée* banale, les quatre murs bêtes que l'on prostitue au premier venu, l'appartement sans nom qui, après avoir vu un cerveau en travail, verra tout aussi bien les sales amours d'une « femme à vingt sous ! »

Mystérieusement, Hafsia s'annonça en me faisant signe d'aller vers elle. Intrigué, je sortis. Dans la cour, accroupie dans ses frusques étranges et comme affaissée sous le poids des fibules, des bracelets, des anneaux d'oreilles et des colifichets de sa ceinture, se tenait une petite vieille au masque bronzé, à l'apparence de sorcière.

C'en était une aussi, une *quinzane*, femme de Biskra disant la bonne aventure... ou la mauvaise, suivant les cas.

Devant elle, il y avait deux petites salières remplies d'une poudre d'un blanc sale. « Approche-toi » J'approchai. Elle me prit la main, me la tourna, me la retourna, l'étudia, tout en faisant du bout de son index des simagrées conjuratoires dans les salières. Je lui dois cette justice, qu'elle n'abusa pas de ma patience plus que de raison. Du fond de son larynx sortirent des articulations barbares, dans une intonation rugueuse ; il me sembla qu'elle allait expectorer une douzaine au moins de noyaux de pêches ! Mais non, point n'était, elle parlait simplement.

« Elle dit, » me traduisit Hafsia, « que toi *macach'* partir, parce que Kairouan', *macach'bono* pour li roumis ! Toi roumi, aller à Kairouan'?... alors, toi morto!... »

Eh bien, n'est-ce pas que, pour une propriétaire de maison juive, c'était assez bien trouvé ?...

Oh, les propriétaires! que de types exhilarants j'en ai laissés parmi les quatre-vingt-trois à qui Dieu et surtout mes voyages ont donné l'occasion de m'héberger !

Ma plantureuse hôtesse de Nice, qui, après m'avoir indignement volé, me donnait comme avis : « Méfiez-vous des Florentins et des Pisans ! » et comme dernier adieu : « Que le bon Dieu et la Madone vous protègent !... »

Ma petite vieille de Naples, qui me soignait comme un fétiche pour lui avoir fait gagner, — par une merveilleuse intuition des bons numéros (1), — des *lire*, au noble jeu du loto... Elle qui poussait le dévouement coupable qu'elle me vouait jusqu'à consentir à ne pas allumer devant les saintes idoles appliquées à la tête de mon lit, mais que jamais pourtant elle ne consentit à enlever.

Et celle d'Alger, qui me voulait en justes noces conjuguer à sa fille. Horreur! madame.

Et aussi ma jolie et désirable hôtesse de Grenade d'Andalousie, qui me servit elle-même la première grenade dont j'ai grugé les rubis, tout en la dévorant des yeux... Elle!

Et tant d'autres!!

Maintenant, nous voguions sur le lac Bahira, dans la tiède et enamourante chaleur du matin.

J'allais à la Goulette prendre le bateau pour Sousse. Mon ami P. d'Oisy m'accompagnait, et, n'ayant pas voulu prendre le train — le plus bourgeois des moyens de locomotion connus, — nous glissions dans notre barque. Et heureux de vivre, les nerfs détendus par la sereine et vivifiante splendeur du matin, muets, nous écoutions en un voluptueux alanguissement la barcarolle monotone et douce du Maltais qui rythmait ses mouvements.

Passa une compagnie de flamants roses dont, à demi couchés, les yeux en l'air, nous suivîmes le vol; tous deux, sans nous rien dire, eûmes la même pensée. Les grands oiseaux mariaient dans le ciel bleu la blancheur de leur plumage et la pourpre fondue de leurs ailes roses.

Ce gracieux emblème rompit le maléfice de la sorcière d'Hafsia et me sembla de bon augure.

Le bateau pour Sousse ne partant que ce soir à six heure, nous avons, dans les six ou sept heures qui nous restent, tout le temps d'étudier la Goulette.

C'est une petite ville assez originale, plus française qu'indigène, plus militaire que civile. Il est dix heure du matin, et nous voyons sortir d'une maison, que nous avions prise pour une caserne, des Arabes enchaînés seul ou à deux. Ce sont les forçats tunisiens, qui, un seau à la main, sortent du bagne. L'effet produit par ces grosses chaînes rivées, qui bruissent dans un cliquetis lugubre contre les jambes nues des galériens, a quelque chose qui surprend désagréablement.

Tous courent aux fontaines pour y emplir

leurs baquets. Il arrive parfois que le compagnon de chaîne est un peu secoué par les mouvements de son conjoint, mais cela n'entraîne pas de conséquences.

Ils ont l'air joyeux généralement, malgré l'ignominie de leur casaque et de leurs entraves, et, tout en arrosant la rue, il arrive parfois qu'ils arrosent aussi les gens. Mais si cela les amuse, il serait bien un peu cruel de leur enlever toute distraction!...

Voici une procession arabe qui s'annonce là-bas au loin. Nous arrivons assez tôt pour la voir défiler sur le pont du canal.

Trois hommes la précèdent en courant, armés d'encensoirs qu'ils font tournoyer au bout de longues chaînettes, et d'où s'échappe l'âcre fumée du benjoin.

Derrière eux, deux Arabes, lance en main, se livrent un assaut courtois. Un autre marche derrière, solennel, piquant en terre la pointe de sa hallebarde : c'est le suisse.

Dix drapeaux rouges ou verts précèdent le groupe principal.

C'est d'abord un enfant de six à sept ans, un petit Maure à mine très attentionnée, vêtu du coquet costume national.

Il porte sur la tête, en le retenant des deux mains, un objet plat qui affecte la forme d'un carré long recouvert d'un voile de soie blanche lamé d'argent.

Derrière lui viennent sur une seule ligne, se tenant tous par la main, une quinzaine de gentils bambins, vêtus comme le héros de la fête, et psalmodiant à tue-tête un refrain liturgique.

Puis s'avance, marchant à pas comptés, un iman au visage sévère. Quatre Arabes l'enserrent, lui faisant un dais flottant d'étendards aux couleurs du Prophète, dissimulant dans l'ampleur de leurs plis une partie de son haut turban jaune, dont un pan retombe sur l'épaule du saint personnage.

Courant sur les flancs du cortège, des hommes agitent sur la tête des musulmans qui passent les parfums de leurs aiguières.

Enfin un groupe de femmes voilées suit la procession à vingt pas, manifestant son enthousiasme par des *you you you* stridents et prolongés.

« Qu'est-ce donc? demandai-je à un Maure qui était près de moi.

— C'est un *baptême*, » me répondit-il en souriant malicieusement.

C'était en effet les préliminaires d'une circoncision. L'enfant qui marchait seul devant ses petits amis s'en allait accomplir une prescription du rite musulman. L'opération ne sera ni bien longue ni bien douloureuse; les pinces armées de dents acérées trancheront vite le prépuce, une pincée de cendre cicatrisera la plaie, et les femmes consoleront le patient.

Il est cinq heure. « A bientôt, bon voyage, et rapportez-moi quelque chose de la ville sainte. — Merci. J'y penserai! » Et déjà je vais accoster l'*Abd-el-Kader*, un des plus riches bateaux de la Cie générale T.

J. Ferry est à bord, et sa présence ramène naturellement les conversations à l'événement du jour : la caravane ministérielle (?).

Comme j'en ai les oreilles absolument ressassées, je vais à l'avant, attiré par le bruit.

Il est dix heure du soir, nous sommes en route depuis quatre heures.

La lune éclaire à la proue un curieux tableau de genre.

Trois nègres de l'équipage dansent la *bamboula*. Pour une danse caractéristique, c'en est une, et les mouvements déhanchés d'un gros nègre qui s'en donne à cœur joie, pour être d'une démonstration évidente, n'en sont guère plus poétiques.

Demain, au soleil levant, nous serons à Sousse.

SOUSSE AU SOLEIL LEVANT.

L'Est se souligne d'un trait de cinabre, dont le rouge vermillon se fait de plus en plus intense à mesure que son centre s'élargit. Bientôt émerge, semblant vomi par cette vulve resplendissente, le disque éblouissant du soleil. Les eaux de la mer s'inondent d'une pourpre humide, et l'astre se lève dans la transparente lumière du matin.

Je saute dans une barque, car le navire vient de stopper devant Sousse. Nous croisons une autre embarcation qui se dirige vers l'*Abd-el-Kader*. Elle porte, me dit-on, à son bord nôtre consul, un officier d'ordonnance du général et le commissaire du port; ces messieurs vont saluer J. Ferry.

Je franchis une des portes, près de la caserne d'artillerie, et, après avoir pris un bain maure, j'allai dans les souks de la ville, au « Café de la Coupole ».

« El Kaouat-el-Koubba », — c'est ainsi que le désignent les indigènes, — qui m'avait été signalé comme une curiosité locale, est loin d'exciter mon admiration.

Il est difficile d'imaginer un intérieur plus hybride. Des flacons de rhum montrent leur étiquette à côté de verres dont le pied rompu a été remplacé par un vieil entonnoir, sous les vitres d'un placard peinturluré sans aucun genre.

Au-dessus des dokanas des murs, pendent lamentables des bandes déchirées de papier peint, gribouillage pas propre, d'importation napolitaine.

Seule la coupole est assez intéressante; encore est-elle bien moins curieuse que celle du hammam où j'étais tout à l'heure et dont les arabesques étaient fouillées à la façon d'un gâteau de miel.

Les souks eux-mêmes, après ceux de Tunis, n'offrent qu'un intérêt restreint. Ils conservent cependant encore un certain cachet, et les babouches qu'on y fabrique sont renommées.

Ici, comme à Tunis, rien n'est commun comme de rencontrer, enclavée dans l'angle d'un mur, quelque vieille colonne de l'époque romaine. Il arrive parfois qu'en dépit des conventions généralement respectées en matière d'art, le fût repose sur le chapiteau converti en socle.

J'étais assis sur la ligne même des fortifications, dans la partie élevée de Sousse, et je dominais la ville et sa rade. La ville elle-même est blanche ainsi que le veut l'usage, et elle développe jusqu'aux murailles fortifiées du rivage ses petites habitations basses, ouvertes dans leur partie supérieure. De-ci de-là s'élèvent, dans l'ensemble, un clocheton où s'arrondit une minuscule coupole, ou le bouquet frémissant de quatre palmiers-dattiers.

Là-bas, au large, se découpe sur la mer, d'un bleu de Prusse, la silhouette allongée de trois navires.

Vers le milieu de la ligne de fortifications sur laquelle je suis, s'ouvre la « porte du Camp », où s'éploie : d'argent sur champ de gueules, le doulfikar du calife, le sabre à double pointe d'Ali. A l'autre bout, s'élève le donjon crénelé de la Casbah. Sur le corps principal de la forteresse, occupée par le général commandant la brigade d'occupation, la gendarmerie et les bureaux militaires, flotte notre glorieux drapeau tricolore.

DE SOUSSE A KAIROUAN'.

Il est sept heure du matin. Assis sous la porte du Camp, je regarde la foule bruyante et affairée des Arabes amenant leurs ânes, leurs troupeaux de moutons, dans un assourdissant vacarme. Le camp des soldats français et des tirailleurs tunisiens est en face. Il comprend des casernes et des pavillons ornés d'arcades où sont les logements des officiers. A côté d'une citerne couverte et du petit hôpital s'ouvrant sur un petit jardinet planté de fleurs, passe la voie Decauville.

C'est le moyen officiel de communication entre Sousse et Kairouan'. Il y a aussi un service hebdomadaire qui porte le courrier.

Mais, et ici comme dans tout l'Orient, la plus agréable façon de voyager, c'est à cheval, ou même sur un modeste bourriquot.

Résistant aux alléchantes enseignes qui portent : « Au camp d'Oliviers » ou « Auberge du Caroubier vert », je continue par le sentier poussiéreux, sous le soleil qui devient ardent. Je traverse un bois de beaux oliviers, et j'arrive maintenant dans des terrains cultivés.

Des Arabes, vêtus d'une robe courte de bure, labourent, conduisant leur charrue primitive tirée par un couple de bœufs petits et robustes.

Il est onze heure, et me voici à l'Oued Lalia. Mais que le nom n'induise pas en erreur : ce n'est pas une rivière, mais une simple bicoque qui, non loin d'une colonne commémorative élevée sur une colline voisine, indique un ancien camp.

La « plate-forme » chargée de sacs de pommes de terre et de pains, passe en ce moment. Elle va ravitailler le camp de Sidi-el-Hani. C'est un grand chariot qui roule sur les rails, traîné par des mulets que conduit un soldat du train des équipages. Le spectacle est amusant. Les bêtes trottent, tirant le véhicule au bout d'une longue chaîne. Dans les pentes un peu rapides, ces intelligents animaux s'écartent et broutent, le plus naturellement du monde, le blé qui croît en abondance. Entraînée par la vitesse acquise, la plate-forme glisse toute seule, et ce n'est pas le moins drôle de voir les mulets marcher sur les côtés de l'obligeant véhicule. Pour un peu, ils se feraient traîner eux-mêmes.

Mais le troupier assoupi par la chaleur se réveille et rappelle à l'ordre les facétieux animaux; puis, pour rompre la langueur où le plonge la chaleur accablante, il descend et ramasse à la main de nombreuses alouettes huppées, des cochevis, qui volettent tout alentour.

Voici enfin le camp de Sidi-el-Hani. Un camp qui ressemble à tous les autres, avec des tentes, des soldats et des cantines prêtes à échanger les sous du prêt contre une absinthe plus ou moins frelatée.

En sortant de Sousse, je demandai à un Arabe : « Où passe la route de Kairouan? » Il me regarda, puis, me montrant les rails, il dit : « Suis-les toujours. » — Quittant ce matin le camp, où je passai la nuit sous la tente et sur mon lit de camp, je demandai encore : « Où passe la route de Kairouan? » Le soldat auquel je m'adressai me désigna au loin les poteaux télégraphiques et me répondit : « Suivez-les... »

Ces deux détails dépeignent la ville sainte : l'électricité pour signaler en cas d'insurrection toujours possible, et la ligne pour les ravitaillements de la troupe.

Il y avait une heure que j'avais dépassé avec les deux koubbas, célèbres dans l'histoire de la conquête, le petit cimetière où sont enterrés les cadavres des soldats tués au combat livré en ce lieu.

La lande s'étendait au loin, on n'apercevait, s'élevant dans la plaine, que les lignes grêles des poteaux télégraphiques indicateurs. Vers midi je rencontrai deux Arabes.

L'un cheminait sur un âne, son fusil tombant à mi-dos, retenu dans une pose horizontale par la bretelle qui, suivant la coutume, était passée sous le cou du cavalier.

L'autre marchait à pied. Sa matraque — gros bâton qui se tient par le petit bout comme le *makhilla* des montagnards basques, — recourbée comme le *mihdjam* du Prophète, était posée en travers des épaules. Des deux mains il en retenait les extrémités, allégeant ainsi sa marche. La tête un peu inclinée de côté, le buste très droit, il allait encapuchonné dans son burnous, qui retombait sur ses mollets et ses pieds nus.

Quand nous passâmes à portée, nous échangeâmes les saluts accoutumés au nom d'Allah. Politesse banale peut-être, mais qu'il fait toujours plaisir à entendre, quand tout autour de soi règne une grande plaine silencieuse, déserte.

Pendant une heure, je ne revis aucun voyageur, mais j'aperçus assez distinctement dans la ligne des poteaux, les murailles d'une ville toute blanche : c'était Kairouan'.

Oui, mais vu de loin, et qui se déroba bientôt dans une nouvelle ondulation de la plaine.

Il faisait une chaleur étouffante, et j'avais dû, pour me préserver d'une insolation, m'envelopper en entier dans mon burnous de laine blanche. Bientôt le paysage s'anima.

Un camp était installé sur la gauche. Les nomades avaient piqué leurs tentes de laine grise à larges bandes noires, très grandes et d'un effet heureux. Des femmes apparaissaient çà et là, jetant, par la couleur pourpre ou indigo de leur ample draperie, une note gaie dans l'ensemble uniformément gris du paysage. Au milieu des troupeaux qui paissaient sur une large zone, couraient des enfants, garçons et fillettes. Il y avait dans le tableau offert par cette scène de la vie arabe quelque chose de primitif, de pastoral, qui reportait l'esprit aux temps bibliques.

Un dromadaire à la croupe ondulante se montrait, conduit par un Arabe, et bientôt je vis, un peu sur la gauche, un rassemblement de gens en burnous, de chameaux, d'arrabas, — les lourdes carrioles indigènes.

C'était un puits, où bêtes et gens s'abreuvaient.

Non loin de cet endroit, aboutit un tronçon de grande route tracée par le génie militaire. En s'en retournant, les Arabes se gardaient bien de la prendre; ils suivaient le sentier traditionnel qui à travers le pays rallie les citernes.

J'arrivai enfin devant les murs crénelés de la ville sainte; il était trois heure de l'après-midi.

KAIROUAN[1].

DEVANT soi, des murs blancs et garnis de créneaux forment de ce côté, à la ville, une première enceinte extérieure, dans le dessin irrégulier que figure un burnous étendu.

A droite, intra muros, s'élève le haut minaret, — un donjon plutôt, — de la Grande Mosquée, puis se voient épars des dômes unis ou souvent à grosses côtes, genre tout particulièrement en honneur ici. On sait, à propos de la coupole arabe, qu'elle est un agrandissement du dôme grec moulé d'après l'empreinte des seins de la belle Hélène. La partie supérieure possède souvent un jeu de trois boules de grosseur inégale, et à l'extrémité de l'axe qui traverse est fixé le croissant.

En dehors des murs, à gauche, dans un bosquet épineux, s'épanouissent de grosses fleurs jaunes : c'est la floraison des raquettes des figuiers de Barbarie, qui, desséchée puis fumée, produit des effets que l'on compare à ceux du haschisch.

A droite, également hors des murs, s'aperçoit la mosquée du Compagnon, et au loin les sommets du mont Zagh'ouan bleuis par le lointain.

Mais j'allais omettre, dans cet aperçu succinct de l'extérieur de la ville, le détail original qui frappe tous les étrangers. Quelques mamelons se dressent à une certaine hauteur, non loin d'une des portes. Mentionnés par tous les voyageurs consciencieux, ils sont déjà célèbres, et je manquerais à la tradition si je n'en parlais.

Ce sont les immondices de la cité, qui sous l'apparence d'honnêtes monticules dérobent leur fâcheuse origine.

J'avoue qu'en pénétrant dans le faubourg des Zlass, — rue qui court entre les deux murs d'enceinte, — j'éprouvai une certaine émotion. Pénétrer dans une des quatre villes saintes des rébarbatifs mahométans, me rappelait la sensation éprouvée quand j'entrai pour la première fois dans une synagogue.

C'était en France, j'étais tout jeune, et me trouvant ainsi en pleine cérémonie du *Yom Kippour*, — la fête du Grand Pardon, — la note prolongée du *schofar*, — une corne aussi barbare que son nom, — les chants étranges des assistants me décontenancèrent. Je gardais bien mon chapeau sur la tête, mais il me semblait, malgré ce, que tous ces gens me désignaient du doigt comme un profane.

Blotti contre un pilier, je me tenais coi; sans être bien certain qu'on n'allait pas venir me couper le cou, avec un grand couteau tristement idoine à cela, et m'offrir en holocauste! Enfin, je n'étais vraiment pas à mon aise...

Hélas! doive mon prestige de voyageur souffrir de cet aveu, je dois à la vérité toujours respectée de dire que Kairouan', comme ville sainte, est un peu discrédité.

Les soldats infidèles y sont entrés, ils campent encore au pied de ses murs; ses mosquées ont été violées...

Et ce discrédit est si bien établi qu'on peut facilement maintenant entrer dans les mosquées, ce qui étonne quand on sait que celles de Tunis sont défendues avec la dernière sévérité. Il est, je crois, sans exemple qu'un roumi ait pénétré dans ces dernières.

Je franchis la seconde enceinte par Bab Djalladin' : cette porte qui nous fut si facilement ouverte pendant la campagne de Tunisie.

Je me trouvai alors dans la ville même.

La manouba indigène.

C'était un dimanche matin, et très inopinément j'assistai à la musique militaire.

Après avoir longé une interminable rue et avoir franchi la porte de Tunis (Bab-Tunis), je me trouvai sur une place vaste et irrégulière.

Au centre, et non loin du mess des officiers, se tenait la *manouba* ou fanfare des soldats indigènes.

Ils étaient six petits tirailleurs, debout, pressés l'un contre l'autre et entourés d'un auditoire d'une trentaine de Maures, d'Arabes ou de nègres.

Deux des exécutants battaient du bout des doigts leur *derboukka* passée sous le bras. Un autre faisait sautiller entre ses mains un énorme tambour de basque, qui, sans crotales, rendait des beuglements étouffés. Il y avait aussi une musette à côté d'une grosse caisse enjuponnée d'indienne rouge.

Ils jouaient fort consciencieusement, et cet orchestre barbare, outre qu'il avait l'appréciable mérite de rentrer bien dans le cadre du tableau, possédait un certain charme sauvage plein d'une poésie bizarre éveillant d'incompréhensibles sensations.

Après avoir dressé mon lit de camp dans quelque chambre de fondouk, avoir interrogé les fissures des murs pour me garder des *léfaa*, ces vipères à corne au venin mortel, ou des scorpions qui abondent également ici, après une ablution sérieuse, je sortis et allai au consulat.

Chemin faisant, je rencontre l'employé des postes, qui d'emblée me demande où demeure M. X... « Désolé, cher monsieur, mais il n'y a pas encore une heure que je suis à Kairouan!... » Là-dessus, j'apprends qu'il n'y a pas dans la ville plus de vingt Français, en comptant les Algériens; car il n'y a pas plus de cinq *Français de France*.

J'arrivai bientôt au consulat; un chaouch alla porter ma carte et je fus reçu. Le consul, un homme charmant, m'octroya l'accès des mosquées de la ville, et me donna gràcieusement son janissaire pour me guider. Celui-ci, un petit vieillard maure, me narra tout en marchant, l'entrée des Français à Kairouan'. Je ne sais pas même si, à son dire, ce ne fut pas lui qui ouvrit à nos soldats la porte D'jalladin'.

Nous courûmes rapidement de la Grande Mosquée au bassin des Aglabit's, et de la djemâa du Compagnon à celle des Sabres.

D'ailleurs, je ne vis rien, ni dans l'une ni dans l'autre; je me fis simplement présenter aux gardiens, et, profitant de mon interprète, je pris l'autorisation d'y revenir étudier en détail et y prendre quelques croquis.

Il est neuf heure du soir, et, sur la grande place de Bab-Tunis, je suis, non loin de mon fondouk (prononcez fu'd'k!) étendu sur une natte, à la porte d'un café maure.

Je ne sais de charme plus grand que le brusque et voluptueux contraste qui marque les nuits d'étape. Quand, après une journée longue et harassante, sous un soleil implacable, je vis se dresser les murs de la ville, je sentis un grand soulagement mêlé de joie; j'aurais voulu avoir près de moi quelque ami, tout simplement pour lui dire : « Enfin nous y voici !... »

La natte d'alfa sur laquelle j'étais couché formait par les longues tiges de son revers comme un moelleux tapis étendu sur la terre sèche.

Tout en revoyant par le souvenir le grand steppe gris; la tiède volupté, le charme alanguissant qu'exprimait la nuit, rendaient plus savoureux mon café, plus suggestif le parfum des volutes bleuettes qui s'échappaient de ma longue pipe.

En levant les yeux, j'avais le grand ciel d'un bleu assombri; et tout autour de moi, sur cette place très vaste, promenait silencieux un peuple de statues. Des Arabes drapés dans leurs burnous blancs, qui, somnolents encore de leur longue sieste du jour, venaient vivre un peu dans l'atmosphère pure et calme de la nuit. Les cafés maures, d'où sortait parfois la plainte mélancolieuse d'une flûte de roseau, un à un éteignirent leurs lumières. Le factionnaire indigène qui veillait à Bab-Tunis, fit les pas réglementaires pour ne pas se laisser surprendre par le sommeil. Les promeneurs se firent rares, et bientôt régna un silence absolu.

Kairouan', 5 mai 1887.

Il est six heure du matin, et déjà la place du Bab-Tunis est en pleine animation.

C'est qu'en effet, s'il fait encore, comme les jours précédents, une température moyenne de 41° à l'ombre, il sera bon vers dix ou onze heure de se mettre pour au moins quatre grandes heures à l'abri du soleil.

C'est une cohue étrange qui s'agite affairée dans un ensemble de blanc et de gris clair où par moments se piquent des couleurs intenses. C'est le rouge écarlate d'une selle de cavalier, les draperies bleues des femmes des douars nomades, ou l'éclair qui s'allume du canon d'un fusil ou dans l'or d'un brocart.

A la porte se tient le préposé de l'octroi indigène. C'est un Arabe vêtu du burnous et d'un *haïk* d'une blancheur neigeuse. Ses traits sont découpés en des lignes nettes, sévères, qui donnent à son visage l'expression de noblesse particulière aux profils antiques gravés sur pierre dure. Il réalise par le regard sombre de ses yeux très noirs, par sa barbe d'une nuance de jais mat qui s'insinue si étroitement dans l'épiderme, par son port et les plis superbes de ses draperies, un type rêvé de héros carthaginois.

Il y a quelque chose d'Hamilcar dans cet Arabe du peuple qui s'appuie d'une main contre un des montants de la porte mauresque, où courent gravés dans la pierre, les enchevêtrements mystérieux d'une écriture cubitale fleurie d'arabesques.

Voici des Arabes du dehors qui viennent vendre des chevaux. L'un d'eux, un homme d'une quarantaine d'années, crie du haut de sa monture, d'une voix de stentor, et gesticule comme un diable noir. Près de lui, également monté, chevauche un enfant. Les amateurs s'avancent, palpent, discutent. Mais tout cela ne paraît pas intéresser beaucoup ce dernier. Vêtu d'une simple chemisette qui lui tombe aux genoux, il est juché sur le plus gros cheval, qu'il monte à nu sans étriers. Vite il s'échappe, galope dans la foule et de ses petits genoux presse les flancs de l'animal docile, qui s'arrête, tourne, volte. L'enfant, — qui peut bien avoir quatre ans, — exulte de plaisir et, pour varier ses jeux, il amène son cheval tout contre un bourriquot *qui ne s'y attend pas* et le pousse vigoureusement du pied; puis, enchanté de sa bonne farce, il fournit un nouveau temps de course.

Des Arabes des tribus, aux burnous couleur poussière, à la physionomie fauve, bestiale. Ils vont, viennent, coiffés de ces immenses chapeaux tressés d'alfa : les *m'zalla,* où disparaissent comme par enchantement les turbans les plus fantastiques.

Voici un dromadaire venant de l'intérieur; une forme empaquetée se tient cahin-caha, solidement amarrée sur la bosse du « vaisseau du désert », qui roule et tangue.

C'est une femme malade, et son maître,

qui marche à pied, l'amène au médecin, ou en pèlerinage aux saintes mosquées.

Celui-ci est un nomade armé du *mokala de ses pères*, le long fusil qui tombe horizontalement sur son dos, retenu sous la gorge par la bretelle.

Mais au fait, asseyons-nous devant ce café maure, d'où nous verrons tout aussi bien. D'ailleurs, mon ami le *marabout* y est déjà, allons le compromettre par le voisinage d'un païen.

C'est *un ami* de fraîche date, je ne le connais que d'hier soir... J'ai encore ici un autre ami : c'est un second marabout.

Ce qui m'a d'abord attiré vers eux, c'est leur accoutrement cocasse. Celui-ci est toujours armé de son trident, — Neptune d'un pays sans eau ! — et plus sobre que son collègue en sainteté, sous le rapport des dorures.

Que si l'on me demande ce qu'est un marabout, je dirai que c'est un personnage religieux qui acquiert ou possède déjà un renom de sainteté. Il a, par son genre de vie et ses longues heures contemplatives, une certaine affinité de ressemblance avec les ermites chrétiens. Ce titre passe de père en fils. Quelques musulmans irrévérencieux, de ceux qui disent malicieusement, mais tout bas : « Tu sais, Allah est grand,.. mais Si Moham'med l'est un peu moins! » disent aussi : « Marabout... maboul! »

Or, le mot *maboul,* dans la langue expressive du peuple, s'emploie pour désigner tel ou tel, qui aurait dans le cerveau quelque chose d'absolument étranger à la matière cérébrale : un hanneton, un cafard ou une araignée, par exemple.

Mon voisin me semble cependant ne rien avoir de tout cela. Dans la journée, il se promène, et, grave, forçant la considération par sa qualité religieuse dûment reconnue, il recueille en offrandes pies certaines rentes suffisantes pour son entretien. Or, ce fait seul de s'amasser un capital, sans même tendre la main, me semble tout particulièrement intelligent pour un fou, fût-il marabout.

Sur la place, l'animation s'accentue.

De chaque côté, les artisans ne chôment guère. C'est, dans son échoppe primitive, un armurier indigène entre autres. Je remarque ici, sous le rapport des armes à feu, un détail caractéristique. Beaucoup d'Arabes ne portent plus leur pittoresque pierrier à l'interminable canon. Beaucoup possèdent des fusils de fabrication européenne, mais dans la crosse sont incrustés des bris de miroirs ou de petits lingots d'argent qui, avant de passer au creuset, étaient des pièces monnayées.

Plus loin, ce sont des teinturiers, et la lumière a beau jeu dans les nuances vives des étoffes qui s'éploient devant les boutiques.

Il y a des marchands de sparterie qui assemblent l'alfa en nattes épaisses, dont le dessin noir s'enlève sur fond vert.

D'autres vendent, avec des tapis, des sacs pour gibecières, bigarrés en tons chauds.

Au milieu de la place se tiennent les camelots arabes. Accroupis sous les larges paillassons jetés sur des piquets fichés en terre, abrités ainsi contre le soleil, ils étalent leur éventaire sur le sol. Il y a un peu de tout dans ces bazars qui contiennent, dans le capuchon d'un burnous : des miroirs de ceinture, de ces énormes boucles d'oreilles qui retombent plus bas que l'épaule chez les femmes du Sud, les *mouquières* des nomades.

Tout un stock de choses à quatre sous, provenant de Tunis ou de Sousse.

Puis au milieu des marchands, des étrangers, passent les citadins.

Des Maures, de jolies fillettes dont la tête est couverte d'un voile léger lamé d'or. Des petits garçons portant au lobe de l'oreille gauche un anneau dont une moitié est vide, tandis que l'autre, pleine, est gravée ou ciselée d'assez délicate façon.

Mon voisin, — le marabout, — me signale d'assez loin un industriel qui fréquente les foules. De sa ceinture tombent, retenues par une chaînette, de larges coupes : des *tassa* en cuivre qui bruissent en s'entre-choquant.

Pour mieux signaler sa venue, l'homme fait basculer contre son index deux verres qui tintent. C'est un marchand de limonade et d'orgeat.

De fait, la chaleur augmente, et nous aurons encore le simoun brûlant de ces jours derniers. Souffle subtil du désert contre qui rien ne défend, qui s'insinue dans votre être et fait couler dans vos artères, comme de la lave en ignition, qui rend la pensée lourde et tout effort fatigant, qui énerve et brise le cerveau et le corps, rend lâche.

En attendant, le soleil éclaire radieusement la grande place et donne aux couleurs une intensité magnifique.

UN LYCÉE INDIGÈNE.

« Sadiki » de Kairouan'.

J'AVAIS une lettre de recommandation pour le directeur du collège Sadiki, Si Tahar-ben-Salah. Une après-midi, j'allai la porter et la confiai, avec ma carte, à une façon de pipelet qui ressemblait assez, par son maintien digne et ses belles manières, à un introducteur d'ambassadeurs.

Je fus reçu de suite par un homme de trente à trente-cinq ans, un Maure vêtu à l'européenne, mais coiffé de la *chéchia*, la coiffure nationale que n'abandonnent pas les musulmans respectueux et fiers de leur origine. Ce monsieur portait la rosette d'officier de l'Instruction publique : distinction que venait de lui accorder le gouvernement français en considération d'éminents services rendus à la cause de l'enseignement.

Si Tahar, après m'avoir courtoisement

donné les compliments de bienvenue, m'offrit, suivant l'usage, une cigarette, et la conversation s'engagea.

Je parlai d'abord naturellement de l'organisation de « Sadiki ». En entrant, j'avais perçu dans les salles des cours les signes d'une grande activité, mais ce qu'il me restait à savoir, c'est que chacun de ses élèves avait dû être conquis, — le mot est juste, — sur la routine et sur les préventions sans fondement, pourtant difficiles à vaincre.

La question des enfants me fut une transition pour aborder le chapitre des femmes.

J'émis cette idée généralement reçue, que la femme dans la société musulmane n'est point, au sens exact du mot, une créature privilégiée. « Il ne faut pas confondre, me répondit mon bienveillant interlocuteur, la femme du gourbi ou du douar, avec la riche citadine. La première, en effet, est estimée beaucoup moins qu'un être intelligent, un peu plus pourtant qu'une simple bête de somme, quoique généralement elle en remplisse l'emploi.

« La femme du Maure et de l'Arabe qui se respectent a une existence qui offre avec celle de la première le contraste le plus absolu.

« Tout concourt à en faire un être choyé, si bien qu'un de nos poètes a pu dire, sans paraître extravagant : c'est Bou-Dhisssa, je crois : « *Ne battez jamais une femme, même avec une fleur!* » La femme européenne n'est entourée de plus d'estime ou de considération. Il est vrai que beaucoup de femmes, dans la bonne société, meurent sans avoir vu la rue, mais enfin cette claustration est dans les us depuis des siècles; et, dans les familles aisées, les chants, la musique, les danses, le hammam, les visites d'autres femmes et celles accomplies aux mosquées, éloignent assez bien l'ennui.

« Chez nous, la femme est bien réellement la gardienne du foyer et des traditions; son influence est incontestable et agit d'une façon d'autant plus immédiate, que le musulman vit dans son intérieur, ne se prodigue pas au dehors. Est-il besoin d'ajouter que, les enfants recevant de leur mère les premières notions, celles qui jamais ne s'effacent, la femme est une des grandes forces de notre société?

— Quant à la polygamie? insinuai-je.

« Vous n'ignorez pas, monsieur, comment Moham'med s'est exprimé à ce sujet. Il a dit : « Si vous craignez de n'être pas équitables envers les orphelins, n'épousez, parmi les femmes qui vous plaisent, que deux, trois ou quatre. » Dans la vie pratique, cela se traduit par : posséder un nombre de femmes aussi considérable que la fortune de chacun peut le lui permettre. »

Puis nous parlâmes du caractère de l'Arabe, cette énigme si difficile à déchiffrer sous le burnous de froide indifférence, de fatalisme railleur dans lequel l'Arabe est passé maître en l'art de se draper. Ce mutisme de sensation, ce regard si souvent vague qui implique peut-être une absence complète de sensations morales. A moins que ce ne soit le dédain naturel pour les futilités de ce monde, de celui qui en comprend le vide et qui, négligeant de s'attacher aux bagatelles de cette vie, regarde constamment en son Dieu.

Peut-être est-ce un poète qui s'ignore, ou plus simplement un sage qui se contente de se laisser vivre, un jour amenant l'autre!

Cette observation suivante, de Si Tahar, est bonne à recueillir :

« Pour ce qui est, du moins, de la différence de caractère qui existe entre l'Arabe d'Alger et celui de Tunis, il est facile de l'observer.

« L'Algérien possède un tempérament inquiet, soupçonneux; il accorde difficilement son amitié, mais celui qui la possède a pour compter sur elle d'aussi bonnes raisons que pour redouter sa haine s'il l'a encourue.

« Le caractère du Tunisien est moins vigoureusement accentué. Il est affable, mais ses affections faciles offrent moins de garanties. Si l'un est d'une nature bien virile, l'autre serait plutôt efféminé.

« Je parlais, tout à l'heure, de la considération qui s'attache à la femme, laissez-moi vous donner maintenant un détail sur le sentiment de délicatesse que l'on pourrait appeler : le sens exquis du respect filial.

« Un homme marié, père de famille, ne caressera jamais ses enfants en présence de ses propres parents. Ce sentiment de déférence pour ceux qui l'ont créé lui défend encore de faire asseoir sa femme près de lui durant les repas. Cet usage a pour objet d'éloigner du père et de la mère de cet homme la cause de l'amour sexuel, moins agréable à Dieu que l'amour dû aux parents.

« Le respect de soi-même confine à ce qu'on nommerait en France de ridicules puérilités.

« Ainsi, deux frères ne se peuvent trouver ensemble dans une maison habitée par *les prêtresses de Zohra-Vénus,* dans un café ou dans tout autre lieu de distractions plus ou moins permises. Si l'un entre, l'autre se retire ou s'abstient; souvent, dans ce cas, le droit d'aînesse établit la priorité. »

Ensuite la conversation tomba sur Kairouan'. « Est-il vrai, demandai-je, que sept pèlerinages accomplis dans cette ville équivalent au hadjdj de la Mecque et Médine?

— Non, il n'en est pas ainsi. L'islamisme compte quatre cités saintes; ce sont d'abord ces deux dernières. Puis Jérusalem, où les musulmans vont prier sur le tombeau de Sidi Brahim (Abraham) et où ils vont révérer le sépulcre de Jésus, reconnu par Moham'med comme un envoyé de Dieu. Kairouan' enfin; mais sept visites dans nos mosquées ne remplacent en aucune façon le « grand pèlerinage », le *hadjdj* des deux grandes villes.

— Mais il n'est pas indispensable, quoi qu'affirment certains auteurs, d'accomplir le saint voyage pour mériter le paradis du Prophète?... — Non sans doute, il n'est exigé que pour ceux qui le peuvent. »

Cinq heure sonnait, et, les cours étant terminés, un surveillant maure vint apporter au directeur la liste des absents. Il quitta ses babouches sur le seuil, puis, s'avançant, il tendit le papier et s'alla replacer près de la porte. Debout, les bras ballants, la tête baissée, se tenant dans une pose très respectueuse, mais empreinte d'une dignité singulière, il répondit à voix basse à Si Tahar qui l'interrogeait sur chacun des noms.

Bientôt les élèves, au nombre de soixante-dix à quatre-vingts, défilèrent dans la cour, ensoutanés de leurs longues dalmatiques aux couleurs vives, et, portant la main au front, ils saluèrent. Et dans ces salamalecs, réitérés chaque fois qu'ils passèrent en rang devant leur directeur et son hôte, on aurait très bien pu comprendre : « Soyez honorés, messieurs, du salut que nous vous donnons! »

Puis, silencieux tous, petits et grands, jeunes gens au visage généralement plein de cette expression distinguée qui caractérise les enfants d'Orient, ils se répandirent dans les rues voisines. Ils parlaient à voix basse, et chacun rentrait chez soi, paraissant encore sous le charme des leçons développées par le maître.

Sous le vestibule de l'entrée, se tenaient quelques élèves *en retenue*

Tournés vers le mur, ils étudiaient le chapitre du Coran qu'ils avaient négligé d'apprendre en temps voulu. Ainsi, dans les écoles chrétiennes, des écoliers paresseux apprendraient après la classe leur leçon de catéchisme.

Cela me rappela mes années de collège, et j'avais bien envie, en mémoire des âmes compatissantes qui m'avaient délivré jadis de ces maudites retenues, de me montrer à mon tour défenseur des potaches.

Je fus compris, et Si Tahar me fit le plaisir de lever en mon honneur toutes les punitions.

Le directeur du collège Sadiki me laissa cette impression heureuse que l'on conserve pendant longtemps, d'une heure de conversation avec un homme instruit et aimable.

LES SOUKS DE KAIROUAN'.

Les souks s'étendent vers la droite en remontant la rue principale de la ville, de Bab-Djalladin' à Bab-Tunis. Ils ne peuvent être comparés à ceux de Tunis, car ils n'en ont pas la richesse, mais ils sont plus intéressants que ceux de Sousse.

Dans les premiers, se trouvent les industries de luxe des grandes villes d'Orient, et dans les souks de Sousse, l'industrie indigène s'adapte aux besoins moins compliqués des provinciaux tunisiens. Ici, on vend pour les gens de l'intérieur, la fabrication se circonscrit aux strictes nécessités des clients des douars; en quelque sorte, c'est plus *saharien*.

Dans ce quartier des corporations ouvrières, règnent les mêmes perspectives, les mêmes échappées de lumière, le même ensemble étrange pour un étranger, que dans les souks des autres villes. Je remarque pourtant cette différence, que ceux-ci sont d'une originalité plus sévère, plus primitive.

Les soies aux tons chatoyants, les broderies d'or, les étoffes multicolores sont rares. La laine blanche et le cuir rouge, les objets fabriqués en alfa; seuls les sacs de charge pour les ânes, et les tapis, sont tissés en couleurs bariolées.

Les tapis de Kairouan' sont renommés; ils ont un genre spécial, qui est comme la marque de leur lieu de fabrication : épais, à grandes bandes de nuances chaudement colorées.

L'air magnifique des marchands de Tunis ne se retrouve pas ici; le marchand de ces souks est plus franchement artisan.

Assis à un carrefour, dans un de ces principaux *passages*, j'avais un tableau à tenter la palette d'un peintre, mais à la désespérer aussi.

Brouillamini bizarre de boiseries irrégulières où s'ouvrent des alcôves qui sont les boutiques. Quelques couleurs, toujours les mêmes, jouant à l'infini dans des retraites éclairées de deux, trois lumières tombant en faux jour, se présentant de face ou se faufilant au hasard des accidents multiples de ces curieuses constructions.

De nombreux clients, armés pour la plupart, allaient, venaient, du sellier au marchand de *m'zalla,* qui cousait sur les ailes gigantesques de cet invraisemblable chapeau de paille des agréments découpés dans le cuir rouge.

Des Arabes du Sud déambulaient par les ruelles tortueuses, portant, malgré la température de 38° à l'ombre, deux épais burnous de laine; leur front couvert par le capuchon relevé de celui de dessous.

Puis, comme c'est un peu fête les jours où l'on vient à la ville, beaucoup s'arrêtaient chez le caouadj'. Un délicieux café, une gorgée d'eau fraîche et une cigarette, de quoi enfin chanter plus tard sous leurs tentes ou dans leurs gourbis, les inappréciables délices de Kairouan'.

LA RUE PRINCIPALE DE KAIROUAN'

st cette longue artère qui, de la porte Djalladin à celle de Tunis, traverse la ville en toute sa longueur.

Les marchands kairouan'nais ouvrent leurs petites boutiques, devant les gens nombreux qui vaquent à leurs affaires ; c'est ici le centre du mouvement.

Il y a des cordonniers en babouches, des épiciers, des chaudronniers, et sur l'étal des bouchers s'amoncellent des viandes de bœuf ou de mouton (0,60 le kil.).

Non loin de la maison du farik, le gouverneur indigène, habitation à laquelle une colonne isolée, supportant en partie une marquise élémentaire, donne un aspect curieux, j'aperçus un Arabe qui, les bras en croix, s'accolait de la poitrine contre un mur.

Fortement intrigué tout d'abord, je compris enfin. L'homme se décolla de la muraille et je vis, dans un petit encadrement d'arabesques, un tuyau court qui émergeait un peu d'une éminence mamillaire en stuc, et que tout à l'heure l'homme tettait. C'était une fontaine, ou plus exactement un réservoir, car l'eau est rare à Kairouan' et on ne la répand pas à robinets ouverts. Mais je serais bien mort de soif au pied de ce mur, sans penser, même en me rappelant la tant gracieuse origine des dômes arabes et les seins de la belle Hélène, à puiser à cette source, maternelle aussi, quoique d'appas bien moins séduisants.

．*．

L'*eau* en effet n'abonde pas à Kairouan'. Celle qu'on y consomme, et qui est loin d'être potable, provient d'une citerne d'où on la tire d'amusante façon.

En m'égarant un jour dans une des rues avoisinantes, je vis à une fenêtre un être absolument baroque, qui me fixait d'outrecuidante façon... c'était un chameau. Or de voir cet exotique animal allonger son encolure à la hauteur d'un premier étage, me rendit rêveur.

Je montai bravement dans la maison, qui n'était, au reste, habitée que par ce seul mais singulier locataire. Attelé, malgré son maintien très digne, à une vulgaire noria, il dévidait l'interminable chapelet des seaux.

Puis, dame! quand il était fatigué de tourner, pour se distraire, il flânait en regardant les passants....

Un matin, je me trouvai dans la rue principale, devant *un four en plein air*. C'était un entassement abracadabrant d'œuvres de maçonnerie, avec un espace ménagé pour deux hommes. Ils s'y tenaient en ce moment, et masquaient l'orifice d'un grand trou.

Cet édifice contrastait violemment, par les grandes ombres portées du four proprement dit, et par les longues traînées noires qui le plaquaient, avec les murs environnants, dont le soleil augmentait encore la note blanche.

Tout autour, se pressaient de nombreux affamés qui tendaient vers un des deux hommes, armé d'une longue fourche, des lambeaux de mouton.

Le *chef* prenait les viandes, enfournait, et, près de lui, son aide distribuait les rôtis sur le pain qu'on lui tendait. Naturellement, quelques-uns réclamaient, comme étant le leur, le bon morceau du voisin, et c'était drôle.

.°.

La nuit s'était faite, et je jouissais du charme qui se développait de la douce fraîcheur du soir.

Appuyé contre l'angle d'un mur, je regardais les gens passer. Devant moi, de chaque côté de la longue rue, s'élançaient deux gracieuses tours de koubbas. Deux ombres infiniment légères et dont la blancheur se découpait à peine dans le ciel bleu. Le croissant et les trois boules emblématiques dominaient ces sveltes minarets,

.°.

J'entrai chez *un barbier maure,* qui en ce moment saignait un Arabe, pendant que des voisins ou des amis, assis sur les nattes, péroraient entre eux. Il est à remarquer, à ce sujet, qu'ici, aussi bien qu'à la rue *de los*

Sierpes à Seville, la boutique du barbier est le rendez-vous de tous les *papagaye* (en français : gens dont le bavardage rappelle le babil du perroquet...) du quartier; c'est cancans-potin et C¹ᵉ. Figaro l'Africain appliquait ses ventouses en verre sous lesquelles il faisait le vide en y introduisant prestement un petit cornet de papier enflammé. On voyait, de chaque côté de la nuque du patient, exsuder le sang par les pores des petites protubérances. De temps en temps, l'opérateur en déplaçait une, et le sang de l'infidèle se dégorgeait dans un petit bassin.

Beaucoup d'Arabes se font ainsi tirer, dans la saison aimée de la gent amoureuse et miaularde, une mesure d'un sang probablement trop généreux.

Je livrai ma tête à l'honorable praticien, tout en lui faisant mes respectueuses observations au sujet de la touffe de cheveux sur l'occiput.

Il m'eût, en effet, été peu agréable de sentir se balancer sur mon crâne le toupet orthodoxe par lequel « l'ange de la mort » enlève les vrais croyants.

La coupe terminée, je me rendis à la psyché artistiquement losangée de nacre. Les cheveux étaient coupés en rond, une calotte de curé eût couvert le peu qui me restait. Seules, — et j'en glorifiai son Dieu! — mes moustaches naissantes avaient été épargnées; encore que le maughrabbin s'était acharné sur mon menton, ainsi que sur une surface lisse on aiguise un rasoir.

Consciencieusement encore, il m'avait épilé aux tempes, afin qu'on ne prît pas ma tête pour celle « d'un Juif méprisable ». Ce furent là ses propres mots... et ma seule consolation.

LA GRANDE MOSQUÉE DE KAIROUAN¹.

'ALLAI, un matin, étudier la Djamaa-el-K'bir. J'arrivai devant ses murs, où s'élèvent les petits dômes des entrées.

L'extérieur, entièrement blanc, aux lignes mangées par les couches de lait de chaux, offre un ensemble non défini, sans arêtes ni détails où l'œil puisse se fixer. En contemplant longtemps ce tableau dans son architecture religieuse, on a la sensation d'un envolement de dômes, d'un quelque chose de vague qui serait comme la vision rapide d'un temple saint, saisi en plein désert dans un effet de mirage.

Je heurtai. Silencieux, le gardien, après m'avoir reconnu, me salua tout bas, puis j'entendis la porte se refermer lourdement derrière moi.

J'étais dans l'enceinte de la mosquée, fondée ainsi que la ville elle-même par Sidi-

Hokba-ben-Ahmed, qui lui donna son nom. Dans un des temples les plus vénérés de l'Islam; le premier temple musulman élevé en ces contrées, et dans lequel les rois de Tunis eurent longtemps leur sépulture.

Une grande cour intérieure occupe le milieu. A droite, règne un portique dont les colonnes jumelées, ou assemblées par trois, supportent les voûtes. A gauche, s'élève le minaret, haute tour crénelée asseyant majestueusement sur sa large base un étage rentrant d'où part un pavillon coiffé d'un dôme à grosses côtes amincies au sommet. Des ornements symboliques terminent en pointe sa longue flèche.

Seize grandes portes à deux battants s'ouvrent sous la colonnade, à droite et à gauche du portail principal, qui se replie quatre fois sur lui-même, et donnent accès dans la mosquée.

Près de cinq cents colonnes, disposées en longues perspectives, s'ouvrirent devant moi dès le seuil. Un moment, je restai troublé par le silence absolu qui tombait des voûtes, par les grandes ombres qui s'amassaient dans les lointains, par l'imprévu surtout, et aussi par le caractère sacré du lieu lui-même.

Il me semblait que chacune des choses sur lesquelles je jetais les yeux m'était hostile, comme si la haine invétérée du musulman contre le chrétien s'était imprégnée à la longue dans ce lieu de prières, dans l'air que j'y respirais. En face de la grande porte, et tout au fond du sanctuaire, se présentait le *mihrab,* qui, d'après le rite, doit être orienté vers la Mecque.

« Viens ! » me dit l'Arabe, qui respectueusement achevait de retirer ses babouches.

Pour m'éviter de me déchausser, — suivant l'usage particulier aux églises orientales, — il relevait sous mes pas les nattes de la grande allée.

Nous arrivâmes devant le mihrab, le lieu saint des mosquées.

Celui-ci, comme tous les autres, se cintre dans l'épaisseur du mur, se terminant en demi-coupole. Certes, cet oratoire sacré ne peut être comparé au mihrab de la mosquée de Cordoue aux magnifiques et rutilantes mosaïques vénitiennes à l'adamantine égrisée, miroitant aux lumières. Ici, un encadrement arqué s'élevant des piliers de chaque côté, remplace par ses losanges de faïence la riche marqueterie qui décore l'oratoire de « la Sublime Mosquée ». L'intérieur de celui de Sidi-Hokba est tout en marbre blanc et peut mesurer trois mètres de hauteur.

Dans l'axe qui le traverse, au milieu des sculptures ajourées et peintes, est percé un petit trou. C'est ce point qui, au centre de sa coquille rosacée, hypnotise le regard des croyants durant les longues prières.

A droite, se dresse le *mimber* : la chaire de l'iman, le prêtre arabe.

Chaque vendredi, « le plus excellent des jours où le soleil se lève », — le ministre de la religion musulmane, du haut de son trône élevé de quinze ou vingt degrés au-dessus des fidèles, commente certaines *surates du* Coran et préside aux prières.

Cette chaire est un curieux travail, sculpté de délicates arabesques par des artistes de Syrie, il y a des siècles de cela.

D'énormes lustres descendent vers le mihrab, égouttant l'huile de leurs centaines de godets dans l'immense bassin de cuivre boulonné.

J'étudiais le dessin multicolore et compliqué des nattes de cette partie de la mosquée, lorsque l'Arabe me fit regarder au travers des arabesques ajourées de l'oratoire. J'aperçus dans la pénombre de vieux pans de murs.

Ce sont ceux qu'édifia lui-même Sidi-Hokba et qu'on a dévotieusement conservés. De marbres variés, les colonnes de la mosquée montrent sur leur fût, souvent rongé en partie, les morsures du temps; quelques-unes même se désagrègent au toucher. Beaucoup de chapiteaux sont admirablement sculptés, mais quelques-uns, blanchis au lait de chaux, sont posés, en dépit de toute esthétique, sur le sommet trop large ou trop étroit de leur fût. Ces colonnes, dont deux surtout sont célèbres par la beauté de leur rouge vif moucheté de taches laiteuses, à la façon du porphyre, proviennent en partie de Carthage et de Sbeïtla, la plus opulente ville de la Bysacène après la chute de Carthage, et que ruinèrent les soldats d'Othman, le troisième calife.

Mais le gardien avait encore quelque chose à me montrer. Nous passâmes près d'une salle fermée par des cloisons où se dessinent des arabesques, semblables à celles du mimber, dans leurs panneaux en bois de cèdre; nous nous arrêtâmes à gauche devant une porte basse. Sur ses montants s'entrelacent, dans le marbre blanc, des ornements : serpents et feuillages, d'une exécution fort belle et d'un relief étonnant, sculptés de grandeur naturelle.

Mon guide m'introduisit dans une chambre peu spacieuse et assez obscure.

C'était la salle d'armes de la mosquée; là où l'on vint s'armer pour la guerre contre les mercenaires grecs et berbères, et plus tard pour soutenir plus de vingt sièges contre des princes jaloux de l'opulence de Kairouan[1].

L'Arabe. qui m'avait quitté, revint bientôt, les bras, les mains, la tête surchargés de choses curieuses qu'il étala devant moi.

Il y avait un bassinet en cuivre uni, puis un morion semblable à ceux de nos chevaliers moyen âge; et, parmi tout cela, deux tronçons d'arbalète.

J'avoue que je ne m'attendais pas à cette exhibition et que j'aurais bien voulu pouvoir interroger ces débris d'origine fort probablement française.

En sortant de la mosquée, je traversai la cour intérieure et m'arrêtai devant le minaret.

Une porte basse s'ouvrait, assez semblable à une entrée de pylône égyptien. Je vis à hauteur d'homme, employées comme *pierres à bâtir*, deux inscriptions de l'époque romaine gravées sur marbre.

Les Arabes, peu familiers avec les caractères latins, placèrent à l'envers l'une des deux.

Sur celle disposée de face, je relevai :

ANTONINI FILI
RELLI ANTONINI
MINERVAE ADNEPOIIS
IEI DEDICAERVNT

Je gravis les 128 degrés qui conduisent au sommet du donjon.

L'une des marches, — la quatrième, — est un nouveau souvenir romain se rattachant à l'histoire des premiers chrétiens. Il représente le poisson emblématique ; c'est un bas-relief exécuté de façon conventionnelle, et par un ciseau barbare.

J'arrivai au faîte du minaret, sous le pavillon dessiné par seize colonnettes qui supportent le petit dôme.

Tout en haut de cette masse imposante, dont les murs ont trois mètres d'épaisseur, se développe le panorama de la ville sainte, perdue dans le désert qui l'entoure.

De-ci de-là s'arrondit, semblable au diadème d'une reine, le dôme à côtes d'une koubba.

Les minarets s'élancent, graciles et fluets, dans la note blanche ou gris clair de l'ensemble. Une chaleur torride tombe, et l'immense lagune où râlent épars les marabouts blanchis, semble dégager une buée ardente, embrasée.

J'abaisse les yeux vers le premier étage du minaret. Debout se tient un enfant, le regard fixé sur un cadran solaire, observant la ligne d'ombre.

Puis, saisissant près de lui la hampe d'un grand drapeau rouge, il l'agite, en criant de tous ses poumons le « la ilah il Allah... » de midi.

Et du pinacle de tous les autres minarets s'élève la voix des muezzins répétant l'invocation de la moitié du jour, au signal donné de la grande mosquée; c'est l'heure d'une des cinq prières.

En redescendant, j'aperçois sous le portique, un Arabe vêtu de fine laine blanche; c'est un iman. Derrière lui arrive un nomade, armé de son fusil et prêt à tirer. J'entends un coup de feu, et tombe, les ailes éployées, une superbe orfraie.

« Mektoub! » dit l'iman, portant son index au front : c'était écrit!

Je venais de franchir l'enceinte de Sidi-Hokba, lorsque, au détour d'une rue voisine, j'aperçus une mignonne fillette de six ou huit ans que je connaissais.

Je l'avais, la veille, croquée dans le costume qu'elle portait encore; une légère chemisette d'indienne semée de fleurs, avec une *foutah* qui, moulant ses hanches, s'attachait à la ceinture par un gros nœud.

Dans l'entre-bâillement s'apercevaient en de jolies lignes ses jambes nues, fines comme des pattes de gazelle. Elle me sourit et je passai.

J'avais déjà fait environ cent pas, lorsqu'il me sembla entendre un cri derrière moi; je me retournai. Et que vis-je?... ma gazelle qui accourait dans une course folle. J'étais très intrigué; je le fus encore bien davantage lorsque la gamine, me saisissant les doigts, me fit rebrousser chemin.

La curiosité, quelque diable aussi me poussant, je me laissai conduire avec une bonne volonté très satisfaisante.

Tout en marchant, je me rappelais ce que souvent j'avais entendu dire : « Dieu parle aux hommes par la bouche des enfants ! » j'écoutai la voix de Dieu.

La fillette, arrivée près de sa rue, courut en avant.

A ce moment passait un Maure qui, sévèrement drapé, s'en allait à la mosquée accomplir ses dévotions. L'enfant se retourna brusquement et me fit un signe qui pouvait s'interpréter par : « Tu sais, fais attention ! »

Ah! diable, je commençai à avoir un soupçon. Le Maure passé, pour en avoir le cœur net, je me précipitai vers la porte que mon charmant guide, en entrant, avait oublié de refermer. Dans ma précipitation, je trébuchai contre quelque chose qui remua. C'étaient les jambes d'une vieille négresse qui, assise à terre, manipulait le couscous.

Au moment où j'allais faire mes réflexions sur la possibilité d'un coup de matraque asséné dans l'ombre, je vis s'avancer vers moi la maîtresse de céans. C'était une Juive, et une bien jolie Juive, vêtue d'un costume d'une légèreté transparente, mais seyant, et qui avait sur ses lèvres un adorable sourire.

O délicieuse Leïla, — elle s'appelait Leïla, — que mon souvenir te porte bonheur!

Kairouan', 6 heure du matin.

J'avais aperçu, un des jours précédents, perdu dans un bosquet de figuiers de Barbarie et isolé hors de la ville, certain petit café maure où j'allai.

C'était un quartier général de *laʒaroni maugrabbins*. Quelque peu la cour des truands kairouannais, qui y siégeait aux heures de soleil, sous la présidence d'un marabout bon diable.

La noble compagnie était presque au complet, il n'y manquait que son chef spirituel. Sans doute le saint personnage s'attardait dans les délices d'un sommeil réparateur, et n'avait pas, pour être aussi matinal que mes voisins, des motifs également péremptoires? J'avais en effet quelques raisons pour croire que leur siège actuel n'était autre que leur couche un peu dure de la nuit.

Tout en prenant mon café, j'étudiais un vieux nègre qui, allongé sur un terrassement recouvert d'une natte, riait dans une formidable démantibulation des mâchoires. Les nègres sont généralement très gais.

Mais ce qui surtout m'absorbait, c'était ses pieds. Leur plante était couturée de crevasses profondes et comme tailladée au couteau. On eût dit la semelle d'une vieille babouche faisant eau de partout. Ils étaient là une dizaine d'Arabes ou de nègres, qui, exultants de joie, fumaient en cigarettes leur repas du matin, et peut-être bien de la journée.

Enfin arriva un nouveau sujet. Sa face rubiconde s'épanouissait en un sourire bon prince, et chacun, se levant, alla lui baiser ses manches longues, le turban, le bas de sa gandoura. Après quoi, l'homme vint s'asseoir de l'air magnifique d'une Majesté satisfaite.

Il portait une lance en fer-blanc, hampée dans un manche à balai, et sur son chef cascadaient rutilants les sequins dorés de sa chechia rouge.

C'était le marabout!

J'arrivai devant le bassin des Aglabits', ainsi nommé de la puissante dynastie à laquelle appartenait le prince qui le fit creuser : Ahmed (l'an 241 de l'Hégire). Certes, si cet ancien sultan de Kairouan' revoyait son œuvre, il ferait d'amères réflexions sur la fragilité des choses de ce monde!

Mais aussi quelques souvenirs du bon vieux temps ne manqueraient pas d'amener aux lèvres de Sa Hautesse, avec certain sourire rétrospectif, une exclamation pouvant se traduire par : « Ah, quand j'étais jeune !... »

« Ceux qui croient auront pour demeure des jardins arrosés de courants d'eau. Là ils y trouveront des femmes exemptes de toute souillure, et ils y demeureront éternellement. » Ainsi parle le Coran.

Or, voyez le danger des mauvaises lectures! Sultan Ahmed, hanté par ce rêve voluptueux, s'ingénia pour le réaliser. Un pavillon octogonal, percé de quatre portes et surmonté d'une coupole soutenue par des colonnes, s'éleva au centre du bassin que remplissaient alors 100,000 mètres cubes d'eau. Une barque portait le prince vers le très agréable séjour, et, pour que l'illusion fût complète, *des femmes, exemptes de toute souillure,* versaient dans son âme un avant-goût des jouissances paradisiaques.

On m'a même confié que s'il n'y restait pas éternellement, du moins il y passait de longues heures.

Pour les importuns, la consigne était plus menaçante que dangereuse, car pour s'exposer à être décapité, en allant déranger le prince, il fallait vraiment avoir déjà perdu la tête!

Aujourd'hui on ne trouverait pas dans cet immense bassin suffisamment d'eau pour y noyer un chat.

LA MOSQUÉE DU COMPAGNON.

E temple musulman est le second de la ville sainte, dont il est éloigné aujourd'hui d'un kilomètre environ.

On le nomme encore : la mosquée du Barbier, parce que, prétendent quelques-uns, le tombeau qu'il renferme est celui de l'homme qui, durant la vie du Prophète, le rasa généralement.

Je crois savoir que ce coiffeur particulier repose non loin de Ctésiphon, sur les bords du Tigre... Quoi qu'il en soit, le compagnon dont la mosquée porte la désignation fut Abou-Zema-el-bel-Aoui. La tradition affirme même qu'il possédait comme talisman *trois* poils de la barbe de l'envoyé de Dieu, N.-S. Moham'med.

J'étais dans la cour intérieure, près d'un pittoresque minaret dont le soleil semble avoir patiné la base d'un or jaune et chaud. Des faïences où dominent le vert et le bleu paraissent, dans leur effritement, des touches d'émaux fondus. J'entrai dans un couloir non voûté, sur les côtés duquel courent des arcades abritant les larges carreaux émaillés et peints des murailles.

Au fond, au-dessus d'une porte s'irradie une étoile fouillée des plus mignardes arabesques. Cette entrée s'ouvre sous une ravissante petite pièce carrée.

De très vieilles et très curieuses tablettes artistiques revêtent les murs.

Terres cuites peintes de couleurs d'un ton vernissé, faisant corps avec l'enduit dans lequel elles semblent avoir été broyées. Sous l'action du temps, ces peintures s'écaillent et tombent. Chose d'autant plus fâcheuse, qu'elles n'ont de rivales ni à l'Alhambra de Grenade ni à l'Alcazar de Séville ou à Sidi-Abd'er-Rhaman d'Alger. Les unes représentent des ornements, et les autres, des enluminures primitives qui sont, je crois, des vues de la Mecque.

Au-dessus de ce revêtement, et ainsi que dans la voussure cannelée de la coupole, d'autres arabesques s'entrelacent dans le réseau savant et minutieux de leurs lignes.

De cette petite salle on entre dans un vaste patio où tombe, en l'inondant de lumière, le plein jour du dehors.

En suivant le portique qui s'ouvre en face de soi, et sous lequel se voient d'autres carreaux d'art semblables aux précédents, on se trouve devant la partie capitale de la mosquée du Compagnon : la salle du Tombeau.

Malgré les fort riches fenêtres qui l'entourent, la porte elle-même, dans ses panneaux barbouillés d'une peinture sang-de-bœuf, et où saillent des moulures dorées, est loin d'exciter l'imagination.

Dès l'entrée se dresse un grand sarcophage défendu par une grille, et qu'entourent quatorze drapeaux disposés au chevet. Sur le sol sont étendus ou jetés pêle-mêle, non dépliés, des tapis de prix, et le soleil, en s'insinuant par les vitraux peints inscrits dans les arabesques découpées qui forment les fenêtres, baigne le tout de petites lumières doucement irisées.

Il semble que la dévotion musulmane ait pris plaisir à donner à ce lieu un certain attrait artistique par les antiques céramiques des murs, et une originalité intime par les petits cônes en terre enrubannés de soie jaune (souvenirs rapportés de la Mecque et de Médine) et les cierges enluminés qui, tout autour de la grille, se balancent avec les œufs d'autruche.

Le catafalque disparaît sous de très vieux étendards brodés d'or et d'argent, et dessinant, dans les caractères ornementaux de la calligraphie arabe, des légendes en l'honneur du Prophète.

Du sommet de la coupole tombe un lustre en cristal, et les murs, dont le bas est recouvert de nattes, montrent, au-dessus de leurs carreaux historiés avec art et encadrés d'or, des inscriptions arabes sur fond vert pâle.

LA MOSQUÉE DES SABRES.

ETTE *djamâa* est en opposition frappante avec la mosquée du Compagnon. Dès le seuil se dégage avec une fraîcheur humide, dans la quasi-obscurité qui y règne, une expression de froide tristesse qui s'augmente des grandes proportions de l'unique nef. Tout au fond s'élève un haut sarcophage surmonté, au milieu d'une gigantesque planche que remplit une interminable inscription. Sur l'entablement s'allonge une pipe en bois, de dimensions invraisemblables, *et dont le canal est obstrué.*

Je me demandai à quel géant avait bien pu appartenir ce curieux ustensile, qui, peint en vert, était, du bouquin au fourneau, couvert de caractères arabes peints en rouge dans leur creux, lorsque mes réflexions se portèrent sur deux monumentaux râteliers que je venais d'apercevoir.

Des fourreaux armés de phénoménales

ferrures, bardés de métal comme des portes de prison, s'y étageaient veufs de leurs sabres. Dans les coins enfin, deux *choses* que l'on eût pu *prendre*, — oh, prendre, pas si facilement!... — pour les masses d'armes d'un Hercule d'espèce disparue, complétaient ce mobilier d'aspect formidable.

Je soulevai l'indienne rouge qui couvrait la partie inférieure du sarcophage, et j'aperçus, semblable à ceux des cimetières, le tombeau du *santon*, ou du personnage vénéré, en l'honneur duquel la mosquée fut bâtie.

Dans un enclos voisin, gisent trois ou quatre ancres de vaisseaux. La présence de ces engins dans un lieu assez distant de la mer est déjà étonnante, mais il serait intéressant de savoir comment on a pu amener jusqu'ici ces masses énormes, aussi volumineuses que celles de gros cuirassés, autant que d'en connaître l'origine.

Un Kairouan'nais m'affirma qu'on les avait toujours vues là...

Je rentrai dans la ville, par une poterne qui, exiguë et tortueuse, ne livrant passage qu'à un homme seul, s'ouvre sur le faubourg des Zlass.

A cent mètres de Bab-Tunis, hors les murs, et dans la direction du bassin des Aglabits, campait une caravane.

C'était au crépuscule, et en courant de l'un à l'autre, les Arabes nomades entravaient leurs dromadaires.

Des molosses au poil long, d'un blanc sale, défendaient le camp par leur apparence hargneuse et leurs grognements hostiles. Cette race, dont je n'ai pas rencontré ailleurs de spécimen, tient beaucoup plus de l'ours féroce que du toutou bon garçon avec lequel jouent nos enfants.

Les menaces de coups de bâton procurent le très désagréable effet de les exciter contre soi ; seul le geste de ramasser un caillou les éloigne... et encore !

Le jour tombe ; les Arabes massent les chameaux, qui renâclent, et, à coups de badine sur les genoux, les font coucher, entassés l'un contre l'autre.

Eux-mêmes, la nuit venue, vont s'installer au milieu, et, drapés dans leurs burnous, la tête contre les ballots de chargement, ils s'endormiront sous la garde d'Allah... et de leurs chiens.

Kairouan', vendredi 12 mai.

LES AISSAOUAS.

L est quatre heure de l'après-midi, je suis au *dar* des aïssaouas ou ben-aïssa.

C'est une des mille et une sectes de l'Islam, dont les *khouans* ou affiliés se livrent, pour mériter le ciel du Prophète, à des supplices volontaires.

C'est une *koubba*, — une petite chapelle arabe, — où l'on accède par un couloir et un patio.

Autour des colonnes dessinant un rectangle, sont suspendus divers bibelots ; aux murs, des tableaux emblématiques, et je remarque, entre autres, une Borak.

Au clou qui retient ce tableau est attaché un petit pain conique de terre enrubanné de soie jaune, pieuse relique rapportée de la Mecque par un pèlerin.

Au centre de la pièce, sous la coupole, une grande natte est étendue, et contre le mur du fond est un banc recouvert d'un riche tapis. Arrivent en ce moment, un officier supérieur accompagnant un monsieur « très bien »; un artiste peut-être, ou un ministre perdu par la caravane ou... enfin j'ignore.

Les sectaires entourent l'*orchestre* accroupi à l'orientale, et, sur un brasier, un enfant fait chauffer, pour qu'il se tende, le parchemin d'un *thar* ou d'une *derbouka* : vase de terre au long col, et dont le fond est formé d'une peau.

Les prières commencent : incantations barbares, rythmées par les tambours aux sons troublants.

Debout sur une seule ligne, masquant l'entrée, se tiennent les aïssaouas; pressés les uns contre les autres, épaule contre épaule, les bras jetés en arrière, complètement effacés, flanc contre flanc.

L'entraînement commence. Les chants se font de plus en plus aigus, le tambour de basque sans crotales fait vibrer les entrailles... l'entraînement est dans son plein.

Cette longue ligne d'hommes se balance

de droite à gauche, s'incline en avant, en arrière, frappe le sol de ses soixante pieds nus, dans un mouvement d'ensemble parfait. Lorsque les têtes se lèvent, l'air de ses poumons s'expire en un râle profond et rauque, en une intonation effrayante, comme un roulement fantastique de gongs heurtés avec force.

L'officier supérieur regarde son invité, ils se lèvent, font un salut muet au chef de la communauté, s'effacent un peu et gagnent la porte.

Un homme sort du rang; il s'approche du *mokaddem*, — le chef des aïssaouas, — près duquel je suis assis, et il baise son turban. Puis il se retourne vers la ligne des sectaires, qui continuent mouvements et hurlements; il se jette le corps en avant et en arrière, violemment, les mains collées aux reins. Derrière lui, deux aides le débarrassent de son turban qui se déroule.

Il enlève sa gandourah rouge, sa suriah, et maintenant, le torse nu, s'agite toujours comme un possédé. On apporte un sabre dont un homme passe sur ses lèvres le fil du tranchant. L'aïssaoua le saisit, l'appuie contre son ventre, l'enlève vivement et s'en frappe encore, puis il se baisse sur la taille. Un homme retient la poignée, un autre la pointe, et un troisième saute à pieds joints sur le dos du patient en criant des prières.

La ligne humaine et vociférante continue ses exercices. Un ben-aïssa sort à son tour, puis un autre; l'exemple est contagieux. Ils sont plus de dix, qui tout à la fois, se livrent à leurs étranges pratiques religieuses.

Cependant on apporte deux épées : deux longues tiges d'acier emmanchées dans une grosse boule en bois; le mokaddem me les apporte et m'en fait toucher la pointe, je constate qu'elle est vraiment acérée.

La boule elle-même est armée de chaînettes, afin qu'en faisant tournoyer l'arme dans les chairs, leur poids ajoute à la force de rotation.

Un sectaire arrive, l'œil fixe, ardent. Il s'agite en tous sens, dans des mouvements désordonnés, l'épaisse houppe de cheveux qui lui tombe du crâne se secoue avec rage, pendant que, pièce à pièce, son torse se dénude.

Il prend une de ces épées, s'en transperce

la joue : la pointe sort à vingt centimètres.

Il en saisit une autre et la pique dans un épais bourrelet de peau aux hanches.

Armé d'un énorme maillet, un khouan, — un affilié, — s'avance et, prenant sa distance, assène un coup terrible sur la boule de l'épée. « Encore! encore! » On entend un bruit sourd, c'est l'homme au maillet qui geint en frappant; bientôt la pointe transperce. Tout à coup bondit vers le chef un des plus furieux sectaires.

Le mokaddem lui met dans la bouche un clou long et gros, puis un autre... Une écume blanchâtre bave de la bouche grande ouverte qui ne se lasse de demander et d'ingurgiter.

Enfin arrive un enfant, et pendant que les chants redoublent, que les tambours résonnent à grands fracas, il prend une épée semblable aux autres.

Il peut avoir seize ans : c'est un Maure d'un visage ravissant. Nu jusqu'à la ceinture, il pose la pointe près du creux de l'estomac. L'homme au maillet arrive, et, les muscles saillants à rompre, il assène sur la boule des coups effrayants.

L'enfant, à chacun, incline la tête pour en demander de nouveaux. Puis il fait enlever son arme ; mais son supplice volontaire n'est pas terminé.

Il applique la pointe d'une épée contre une épaule, se fait apporter une autre arme semblable qu'il pique de même, et, des deux mains soutenant chaque épée, il se met à genoux. La mailloche fait son œuvre, frappant tantôt sur l'une, tantôt sur l'autre ; l'enfant ne se lasse pas. Les pointes sortent à quarante centimètres, ses traits se contractent, mais pas un pleur....

Les autres sectaires continuent de plus belle. L'œil vide, le regard affolé, l'un d'eux se croit métamorphosé en lion, il bondit en poussant des rugissements, et se précipite vers la porte, quatre hommes le retiennent avec peine. En voici un qui arrive en hurlant, il marche sur les pieds et les mains dont les doigts sont crispés, et dans un glapissement semblable à celui du chacal déterreur de cadavres, il s'arrête devant moi.

Assis sur le divan, je le vois à mes pieds, me fixant d'un regard épouvantable, semblable à celui d'une bête féroce fascinant sa proie ! A la vérité, — je dois avouer que je me sentis très mal.

L'aïssaoua se jette sur moi, m'étreint de ses doigts crispés, la poitrine et la jambe, toujours dardant, ses yeux dans les miens, son regard fou.

... Tout près se trouvait un jeune Arabe, élève de Sadiki — un de ceux que ma visite avait exemptés, — et qui, me voyant aller chez les aïssaouas, m'avait accompagné. Précipitamment il me quitta mes chaussures, pour que je pusse en montant sur le banc, essayer de me soustraire à mon singulier agresseur. Sortir, en effet, n'eût été guère possible, la koubba, changée en cage de fauves, eût été difficile à traverser.

La précaution fut inutile, car le mokaddem, dont j'étais l'hôte, ne me perdait pas complètement de vue, et il arriva, aidé d'un Arabe, à arracher l'aïssaoua, *qui tenait bon,* tout en poussant des clameurs de bête affolée.

L'enfant aux épées s'arrêta enfin et s'approcha du chef pour se les faire retirer. Il haletait de douleur, dans une respiration courte et saccadée, mais pas une larme, pas un cri. Le grand prêtre frictionna fortement de la paume de la main, pour prévenir l'effusion du sang, mais il n'empêcha pourtant pas deux longues rigoles de couler sur la poitrine du jeune fanatique.

Tout à coup, affolé à la vue du sang, un aïssaoua s'élança en poussant des jappements furieux. Il happait goulûment cette espèce d'une communion barbare, il fallut l'arracher.

L'enfant glissa entre les bras du prêtre et tomba sur la natte évanoui.

Alors, paternel, le mokaddem se baissa sur lui. C'était un homme au visage, à l'allure, empreints d'une souveraine dignité, d'une très grande bonté. Je vis ses lèvres s'approcher tout contre l'oreille de l'enfant, il lui parla...

Que lui dit-il? Les intenses voluptés, les pures et profondes jouissances, l'âpre plaisir de la souffrance? Ou encore les joies futures que le Prophète promet aux élus du Dieu musulman, dans les jardins paradisiaques où les houris éternellement jeunes, éternellement belles...

Et sous peut-être ce rêve d'amour sans fin l'enfant revint à lui. Ne rions pas; ascètes chrétiens, fakirs ou aïssaouas musulmans se martyrisent pour la même idée : Dieu, et pour arriver au même but : le bonheur éternel.

Ne les plaignons pas non plus : ceux qui châtient leur corps sont heureux, ils goûtent d'ineffables délices.

Kairouan', 10 mai.

Quatre heure du matin, je pars.

Une longue caravane profile ses masses mouvantes et la croupe sinueuse de ses dromadaires sur les murailles blanches de la ville sainte. Elle apporte les légumes qui ne croissent pas dans ce pays brûlé, où la terre fait place au sable.

Ils passent, les grands dromadaires, faisant onduler sur leur robe fauve, qui s'effiloche en flocons épais, quelques rayons pâles projetés par la lune qui va bientôt s'éteindre.

Ils portent haut la tête, tout à l'extrémité amincie de leur cou, dans des regards suffisants et dans l'expression méprisante que leur donne leur grande lèvre qui pend. Haut juchés sur leurs jambes, dont les larges callosités du genou semblent être l'os qui a troué la peau.

Puis des bourriquots marchent sur les flancs de la colonne, très humbles, attendant un rien pour pousser un braiment bête et prolongé.

Et les Arabes, qui font pleuvoir au petit bonheur des coups de leur matraque, vont silencieux, le long fusil pendu en travers des épaules, le chapelet entortillé au poignet.

Tout cela, passant dans la nuit, offre un tableau curieux, fantastique comme un sujet de légende, étrange comme une ballade que mimeraient à la lune des pasteurs d'autrefois.

Tunis, 14 mai.

Mes malles sont préparées; mon sondouk déborde de bibelots bizarres.

Objets curieux, objets cocasses, d'autres très vieux, à qui, seul, quelque vieillard des souks pourrait donner un nom.

Souvenirs!... Ceci évoque un instant heureux, cela rappelle telle ou telle figure, tel ou tel incident.

Souvenirs qui font revivre des émotions passées, qu'on aime à revoir, comme si l'âme des personnes ou des choses y avait laissé un peu de soi.

Mon ami et moi errons dans des lieux parcourus déjà maintes et maintes fois, et je regarde, je dévore des yeux, comme pour m'en assimiler étroitement la forme, la couleur, maints détails que j'ai vus cent fois.

Je me sens triste, il me coûte de quitter ce pays que j'aime et que sans doute je ne reverrai pas.

C'est demain matin à 5 heure que je pars pour Bône, où j'arriverai à 9 heures du soir; trois jours après, j'embarquerai pour Marseille.

Même date, 10 h. du soir.

Nous prenons le thé, J. d'Oisy et moi, dans son original et coquet appartement; c'est le coup de l'étrier.

Je lui narre mon voyage à Kairouan', nous parlons haut un peu, car sans cela nous serions gênés. Certaines affinités d'idées nous ont liés l'un l'autre; dans notre séparation il entre un vague regret.

19 mai. En mer.

L'immensité s'étend tout autour du bateau. Aucun accident où se puisse reposer l'œil; nous sommes entre le ciel et l'eau.

D'un côté, c'est la côte d'Afrique que nous ne voyons plus; de l'autre, c'est celle de France que nous sommes encore loin de voir.

Par quelle phrase bien sentie terminerai-je cette étude sur les deux principales villes de la Tunisie?

Il serait d'un progressiste *quand même* de parler ici de l'action civilisatrice de la France. Mais le mot civilisation me représente une idée très abstraite, un état très relatif, essentiellement subordonné aux milieux.

Notre civilisation d'hommes d'Occident ne peut être rêvée pour les Arabes; ils possèdent la leur, adaptée au génie même de leur pays. Non; ce qui est désirable, c'est que l'influence morale de la France s'établisse en Tunisie. Non pas travestie sous des projets de réformes *civilisatrices* qui ne cachent trop souvent que le simple intérêt particulier. Une influence morale qui, en tenant compte des besoins et de l'esprit du peuple arabe, se manifeste dans un sens plus élevé. Pourquoi chercher à étouffer par des essais d'assimilation impossible le génie propre au caractère arabe? Pourquoi au contraire ne pas chercher à le développer, à lui faire exprimer dans son milieu toute la somme intellectuelle qu'il peut donner?

C'est en ne se posant pas en réformatrice intransigeante que la France gagnera la confiance de ce peuple.

Quant aux croyances religieuses, c'est une question de mots grossie à plaisir.

Il se peut en effet que le musulman soit l'ennemi juré du chrétien, mais il ne saurait s'ensuivre logiquement que les Arabes doivent haïr les Français. Simple confusion de mots; on peut être Français sans être chrétien, de même les Arabes peuvent aimer la France tout en restant musulmans.

Tunis-Kairouan, 1887.
Parcé. S. S. 1888.

FIN.

TABLE.

	Pages
En mer. — A bord de l'*Orelo*. Tunis	1
Panorama de la ville	18
Jeux de hasard	20
Restaurant tunisien. — Le couscous	22
Étude. — Le café maure de la rue des Ministres	29
Un intérieur chez dame Hafsia. Un thé	36
Étude. — La place des Moutons, à Tunis	43
Des cafés maures en général	45
La Borak	48
Croix et croissant	51
Un dimanche soir à Tunis	55
S. E. le cardinal de Lavigerie	58
Les souks ou bazars de Tunis	60
La mosquée Djama Ezitoum	61
La rue et le souk des Parfums	62
Le café des Tombeaux du souk des Tailleurs	68
Le conteur arabe	71
Deux types de la rue	73
Cordonniers en babouches	74
Les selliers	75
Une école arabe	75
Les brodeurs de harnais	76
L'ancien marché d'esclaves	77
Le souk des Étoffes	79
Le marchand juif	80
Le marabout d'Ezitoum	83
Les soies	84
Libraire musulman	84
Souk des Orfèvres	85

	Pages.
Armuriers	86
Le graveur sur pierres dures	86
Un concert dans un café maure de la rue des Teintuturiers	88
Par les rues la nuit	89
Un lieutenant indigène de spahis	93
Le Rhamadan à Tunis. — Karakous	96
De-ci de-là : Un enterrement. Réminiscences	104
Marché des vieilleries. Poignard et chapelet	110
La m'laffa d'une veuve de « bonne maison »	111
Un campement. Sous la tente	113
Amour nègre !	117
Présents d'un fiancé	118
Mauresques dans le patio de leur habitation	119
Haschischins	120
Le haschisch, kif ou t'krouri	121
Diverses applications du haschisch	122
Le Hammam	126
Le bey de Tunis au Dar-el-Bey de la Casbah	133
Les quartiers hybrides de Tunis. — Le quartier juif.	138
La pâque juive à Tunis	147
Un Juif d'autrefois	150
Agneaux pascals	152
Les troubles juifs à Tunis (1887)	160
Dans la rue des Maltais	165
Musique et danses arabes	172
Les environs de Tunis	178
Le village arabe de Sidi-bou-Saïd, et Carthage	178
Au palais du Bardo	185
La Moham'media et le lac Seldjoumi	192
Parturition héroïque !	195
De Tunis à Kairouan'	197
La sorcière et dame Hafsia	198
Des propriétaires	199
Sur le lac Bahira	200
La Goulette et les forçats. Circoncision	201
Sousse au soleil levant	207
De Sousse à Kairouan'	210

	Pages.
La plate-forme	211
Un camp de Bédouins	214
Kairouan'	216
Aspect extérieur de la ville sainte	217
La manouba indigène (musique militaire)	219
Une nuit sur la place de Bab-Tunis	221
Bab-Tunis à six heure du matin	223
Des marabouts	226
Un lycée indigène : « Sadiki » de Kairouan'	231
Les souks de Kairouan'	240
La rue principale de la ville	243
Une fontaine	243
Le dromadaire à la noria	244
Un rôtisseur public	245
Un barbier maure	246
La grande mosquée de Kairouan	249
Leïla	258
Cour des Miracles maughrabine!	259
Le bassin des Aglabits	261
La mosquée du Compagnon	263
La mosquée des Sabres	267
Campement d'une caravane	269
Les aïssaouas	270
Une caravane au clair de lune	278
Souvenirs	279
En mer. — Ultimes réflexions	281

FIN DE LA TABLE.

www.ingramcontent.com/pod-product-compliance
Lightning Source LLC
Chambersburg PA
CBHW070753170426
43200CB00007B/759